육아 퇴직 후 진짜 나를 만나게 되었다

빈둥지증후군을 완벽하게 이겨 내기 위한 프로젝트

육아 퇴직 후 진짜 나를 만나게 되었다

빈둥지증후군을 완벽하게 이겨 내기 위한 프로젝트

초 판 1쇄 2024년 02월 07일

지은이 김선황
펴낸이 류종렬

펴낸곳 미다스북스
본부장 임종익
편집장 이다경
책임진행 김가영, 윤가희, 이예나, 안채원, 김요섭, 임인영, 항성연

등록 2001년 3월 21일 제2001-000040호
주소 서울시 마포구 양화로 133 서교타워 711호
전화 02) 322-7802~3
팩스 02) 6007-1845
블로그 http://blog.naver.com/midasbooks
전자주소 midasbooks@hanmail.net
페이스북 https://www.facebook.com/midasbooks425
인스타그램 https://www.instagram/midasbooks

© 김선황, 미다스북스 2024, *Printed in Korea*.

ISBN 979-11-6910-491-3 03190

값 **17,000원**

미다스북스는 다음세대에게 필요한 지혜와 교양을 생각합니다.

빈둥지증후군을 완벽하게 이겨 내기 위한 프로젝트

육아 퇴직 후
진짜 나를 만나게 되었다

김선황 지음

미다스북스

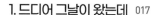

제1장

육아 퇴직,
마냥 좋을 것 같은
날이 왔지만

<빈 둥지 빌드업 RGPD법 N단계>
'빈 둥지'를 이겨 내기 위한
단계별 프로젝트 RGPD법 소개

제2장

엄마,
독립 중
입니다

<빈 둥지 빌드업 RGPD법 R단계>

인정(Recognize) 단계:
빈 둥지 인정하기

제3장

경고등이
자꾸
깜빡입니다

<빈 둥지 빌드업 RGPD법 G단계>

파악(Grip) 단계:
자원 파악하기

제4장

나의
이야기를
시작합니다

<빈 둥지 빌드업 RGPD법 P단계>

준비(Prepare) 단계:
마련하기

제5장

빈둥지증후군
빌드업
프로젝트

<빈 둥지 빌드업 RGPD법 D단계>

실행(Do) 단계:
일단 해 보기

여는 글

"축하해!"

막내 고등학교 졸업식이 끝난 직후 봉투를 받았다. 생일선물인 줄 알았다. 남편이 생일과 '육아 퇴직'을 동시에 축하했다. 퇴직 증서는 꽃무늬 봉투였다. 봉투에 적힌 손 글씨는 표창장이, 동봉한 현금은 포상금이 되었다. 기대하지 않아서 놀랐다. 20년 육아. 마침표를 찍어 줄 생각은 어찌했을까?

'육아 퇴직' 선언은 끝맺음이었다. 마침표는 새로운 시작을 응원하는 허락의 표지이며, 깜박이는, 커서는 입력을 기다리는 가능성의 표시다. 줄 바꾸고 이야기를 쓰고 싶다. 코로나 터널을 지나면서 안팎으로 전투를 치렀다. 아이들을 보낸 뒤 생긴 빈 둥지에 무엇을 채울 것인가를 고민하면서 감염으로 인한 일상의 뒤틀림을 견뎠다. 이 모든 일이 책의 시작이었다. 그사이에도 두 아들 녀석은 자신의 이야기를 만들어 가고 있었다.

일과 육아를 병행할 때 이런 생각을 했었다. 나와 아들들의 미래는 매 순간 불투명한 유리문을 통과하는 것 같다고. 희망을 품고 연 문이 가슴을 먹먹하게 만들기도 했고 용기를 모아 열어젖힌 문에서 성취감을 느낀 날도 있었다. 노력 없이 저절로 열린 문도 있지만 어떤 문 앞에서는 오랜 준비를 했다. 아이들과 나는 암수한몸인 자웅동체였는데 어느새 독립 개체가 되었다. 팽팽하게 연결되어 있던 선이 느슨해지기 시작했다. 그간 앞장서서 끌고 가느라 뒷모습을 자주 보았다. 성장해서 잠시 어깨를 나란히 했던 아들들은, 저만치 멀어지고 있다.

두 아이 모두 고등학교를 졸업하고, 대학 문을 지나는 중이다. 이제 녀석들의 뒷모습을 눈으로 좇으며 응원할 시간이다. 아직 지나야 하는 문이 얼마나 될지 알 수 없다. 각자의 문을 만들고 열어 가야 할 시간이다. 누구누구 엄마로 20여 년을 살았다. 허물 벗듯 지나온 문을 되새기기도 전에 엄마 독립 시간이 왔다. '나'를 마주해야 할 시간이 되었다. 나도 나만이 열 수 있는 문 앞에 섰다.

나는 '읽고 배우는 것을 좋아하는 사람'이다. 그간 의식하지 않아 몰랐고 딱히 나를 무언가로 정의해야 할 이유가 없었다. 한 달에 8~9개 정도의 독서 모임을 한다. 거의 매일 있는 셈이다. 책 읽고 나누는 게 즐거워 잠을 덜 자도 행복하다. 읽기에 치중해 불균형이 심했다. 기울어진 추가 글 쓰면서 균형을 맞춰 가고 있다. 그간 한 손에 '책이라는 밥'만 들고 있었다면, 이제는 다른 손에 '쓰기라는 빵'까지 쥐었다. 코로나가 그런 기회가 되었다. '코로나 때문에' 시작하게 된 글쓰기가 '코로나 덕분에'로 바뀌었다.

기형도 시인은 「질투는 나의 힘」이라는 시를 통해 무언가를 질투하느라 단 한 번도 스스로 사랑하지 못했노라 고백한다. 시인의 반성은 자신을 진정으로 사랑했기에 할 수 있는 게 아닐까. 이 책도 질투에서 시작되었다. 그냥 질투는 나를 갉아먹지만, '건강한 질투'는 나를 옳은 방향으로 이끈다. 글을 읽은 건 자의였지만, 글을 쓰게 된 것은 타의에서 비롯되었다. 작가들이 많은 독서 모임에 들어가게 되었고, 그 모임에 어울리는 사람이 되고 싶어 글을 썼다.

최근에는 아이를 낳지 않는 부부가 많아지고 있다. 어떤 조건에서든 아이를 낳을 결심을 했고, 아이를 키워 냈다면, 그것만으로도 이미 훌륭한 부모다. 빈 둥지가 된 것은 아쉽지만, 그만큼 아이들이 성장하고 독립한 흔적이니 부모로서는 감사할 일이다. 오히려 비움에 기울어진 무게추를 옮겨, 채워 가는 기쁨을 누렸으면 한다.

나를 드러내는 작업은 두렵다. 변변찮은 글이 첫째 이유고 누군가에게 상처를 줄까 염려하는 마음이 둘째 이유다. 그럼에도 책을 낸 이유는 "인간은 자신을 초월하고 넘어서는 존재"라는 니체의 말이 답이 될 듯하다.

삶의 목표가 '어제의 나'와 경쟁하는 것이므로, 오늘 한 걸음 딛는다. 건강한 질투로 나를 넘어서 삶이 다하는 날까지 읽고 쓰며 우상향하는 삶을 살려 한다.

"위대한 글은 세상에 도움이 되는 글이다."라는 로저 로젠블랫의 말대로 책의 여러 시도가 독자에게 낯선 곳으로 항해하는 기회로 닿았으면 한다.

글 디자이너 & 디렉터 김선황

제1장

육아 퇴직,
마냥 좋을 것 같은 날이 왔지만

1. 드디어 그날이 왔는데

Since 2006.

육아 퇴직 동기들과 해외여행을 하기로 했다. 어쩌다 보니 막내들이 거의 동시에 고등학교를 졸업했다. 처음부터 여행 갈 만큼 친밀하지 않았다. 나이테처럼 쌓인 동료애가 낯선 곳을 즐길 수 있는 동기로 작용했다. 처음 만난 2006년 이후로 창원은 변했다. 길이 생기고 아파트가 세워졌다. 도시의 모습이 바뀌어도 우리는 함께다. 바다가 보이는 카페에서 선생님들과 차를 마셨다. 침묵 속에서도 편안했다. 이토록 오래 관계가 이어질 거라고 예상하지 않았기에 현재의 시간이 더 의미 있게 여겨진다.

교육 방향이 새롭게 제시되면 우리는 연구했다. 결과물을 각자의 회원에게 접목했다. 더 알찬 수업을 위해 자료를 찾아 공유했다. 학생이 쓴

글도 단톡방에 공유했다. 순수하고 기발한 글은 우리를 한바탕 웃게 했고 이는 수업의 활력소로 작용했다. 회원 엄마와 섭섭한 일이 생기면 서로 토닥거려 주었다. 누군가에게 받은 감동을 선생님들과 나누면 배 이상의 기쁨이 되었다. 도움 주고 위로받는 시간이 쌓일수록 우리는 함께 성장했고 관계는 더 돈독해졌다.

논술은 방향이 있을 뿐 정답이 없다. 입구는 하나인데 수많은 출구로 연결된다. 하나의 주제에도 글 쓰는 방향이 다양하다. 난해한 주제가 나오면 선생님들과 논술 출구 전략을 짜 보기도 했다. 집단 지성은 이럴 때 힘을 발휘한다. 그렇게 차곡차곡 우정과 경험과 신뢰를 쌓아 올리며 긴 세월을 헤쳐 왔다.

학원을 운영하다 보면 가족에게도 말하지 못하는 일들이 있다. 말해도 온전히 이해받기 어렵다. 배우자의 일을 온전히 이해하지 못하는 것과 같다. 일의 특수성은 우리만의 시간을 공유할 수 있게 했다. 처음에는 이십여 명 선생님이 있었다. 시간이 지나면서 각자의 영역을 찾아 대부분 떠났다. 이제 내 옆에는 3명의 선생님이 남았다. 인원이 줄면서 우리는 더 친밀해졌고 자연스레 여행을 꿈꾸게 되었다.

까칠하지 않은 선생님들의 성격도 이유가 되었다. 여행하면 민낯을 보게 된다. 의외의 모습들이 신선하게 다가온다면 좋겠지만, 유쾌하지 못한 경험이 되기도 한다. 인간관계마저 틀어질 수 있어 장기간 여행을 결정할 때는 신중하게 된다. 우리 4명 모두 나이도 비슷하고 자녀들도 또래라 관심사가 겹쳤다. 자녀들의 초중고 시기에는 대학 입시에 필요한 정보를 나누고 아이가 갈 만한 학원을 소개해 주기도 했다. 마산, 창원. 지역은 달랐지만, 공동육아를 한 셈이다. 2019년 나를 비롯한 선생님들 모두 큰아이들은 대학에 있거나 군에 있었다. 예정대로라면 2020년에는 막내까지 대학에 보낼 터였다. 드디어 그날이 온다!

2019년 11월 수능일 전후로, 여행 계획을 짜기 시작했다. 우리의 의무는 아이를 수능 시험장에 들여보내는 것까지다. 다음은 응원하며 기다리는 것뿐. 아이가 수능 시험 내내 실수를 덜 하기만, 컨디션 조절 잘해서 집중력이 흩어지지 않기만, 시간 분배를 골고루 하기만 등등을 기도하고 잘 기다리면 되었다. 육아를 끝내고 떠날 우리들의 홀가분한 여행, 이날을 위해 1년 전부터 매달 10만 원씩 모았다. 여행 자금에 비례해 우리 마음도 덩달아 부풀었다.

유럽? 미국? 홈쇼핑, 여행사 홈페이지 자료를 보며 여행지 후보를 추렸다. 날짜? 비용은? 2주 정도 여행하면 좋겠지만 상황은 녹록지 않았다. 수업을 조정할 수 있는 시간은, 주말을 두 번 끼워 최대 10일 정도였다. 9박 10일이나 7박 10일 여행 상품을 찾아 비교해 보았다. 그러다 의견이 모인 곳이 호주였다.

2020년 1월 23일, 예약금 10%를 예치했다. 출발일이 3월 23일이라 2

월 23일까지 잔금을 입금하기로 했다. 모은 돈만으로 여행 경비가 부족해 더 보태야 했지만, 호주 볼거리와 먹을거리를 검색하고 정보를 공유하느라 한동안 단톡방이 요란했다. 시드니의 밤을 상상하고 자유 시간을 어떻게 보낼지에 대한 고민은 일상을 더 열심히 살게 하는 힘이 되었다.

큰아이들의 대학이 결정된 후에도 돌발 상황은 생겼다. 어떤 변수든 생길 수 있는 거라고 마음에 여유를 가지려 했다. 아이를 키운다는 건 초등학교 입학 전까지라고 생각한다. 그 이후에는 지켜보는 일이다. 아이들에게 하고 싶은 일을 선택하라고 하면서도, 아이가 최악을 선택할까 두려워 엄마의 최선을 들이밀기도 했다. 무모한 선택은 설득하는 게 부모의 의무라고 여겨, 노력 대비 그다지 소득이 없는 설득도 해 봤다. 자녀 진로가 미로 같을 때, 고등학교를 결정할 때, 재수한다는 아이가 있을 때, 불확실한 일들이 힘들게 할 때 우리는 나은 선택을 위해 의견을 주고받았다.

막내들은 또 어떤 선택을 할지 알 수 없지만, 우리는 미리 걱정하지 않기로 했다. 걱정하는 일의 90%는 일어나지 않으니, 일이 일어나면 그때 해결하면 된다고, 큰아이 키워 봤으니 더 별일이야 있겠느냐고 웃으며 얘기를 나눴다. 그저 무리하게 수업하지 말자고, 영양제 먹고 건강 챙기다가, 3월에 여행 다녀오자고 했다.

그런데 2020년 2월 초, 코로나가 새치기했다. 변수를 예상했지만, 규모는 예상 밖이었다. 육아 퇴직 기념으로 계획한 여행이다. 육아 마침표를 찍을 퇴직 여행이 위기에 처했다. 코로나 파도가 먼 곳에서 몸집을 키우며 다가오고 있었다. 크기를 가늠할 수 없었다. 인생이 계획대로 되지 않는다는 통상적인 문구가 현실이 되었다. 한 치 앞도 알 수 없지만 우리는 여행에 대한 희망을 버리지 않았다.

시간이 허락하는 대로 선생님들과 호주에 대한 정보를 나눴다. 수업 사이 여유시간에 볼거리를 검색했다. 날씨는 어떤지, 어떤 옷을 가져가야 할지, 환전은 얼마나 할지 등을 검색했다. 코로나 상황을 주시하면서 손가락은 검색하느라 바빴다. 출발일 3월 23일은 더디게 오는 듯했지만, 착실히 남은 날들이 줄어 갔다.

2. 교문 밖 졸업식

"합격했습니다!"

졸업 이틀 전, 합격자 발표가 났다. 2지망이었다. 메일로 합격통지서를 받자마자 둘째는 가족 채팅방에 인증 사진을 올렸다. 막내의 졸업식은 2020년 2월 8일이었다. 졸업식과 대학 합격자 발표일이 비슷한 시기였다. 정시 원서 넣은 세 곳 중 1지망은 수능 점수가 모자라 일찌감치 마음을 내려놓았다. 3지망은 강원도 지역이었다. 아들은 강원도라도 가겠다고 했지만 보낼 수 있을까. 2지망에 합격했다는 소식이 최고의 졸업선물이 될 터였다.

긴장하고 있었나 보다. 어깨 힘이 빠지면서 이제야 졸업이 실감 났다. 아이와의 시간이 필름 감기듯 스쳤다. 의무교육이 완전히 끝나는 시간이 다가왔다. 8년간 매주 숙제처럼 했던 교복을 더 이상 빨지 않아도 된다. 잠 많은 둘째 녀석을 아침마다 흔들지 않아도 된다. 곧 집을 떠날 테니 끼니 걱정도 하지 않아도 된다. 몸이 편할 일이 릴레이하듯 이어졌다.

드디어 졸업식, 미리 준비한 꽃다발을 챙겨 남편과 학교로 향했다. 아직 겨울 날씨가 기승을 부리는 2월인데도 꽃길을 걷는 기분이었다. 내 눈에만 보이는 레드카펫이 깔려 있었다. 목덜미에 스치는 선득한 바람조차 상쾌했다. 아이의 졸업이 주는 홀가분함은 교문까지 이어졌다. 졸업 전날 코로나 감염 위기로 비공개 졸업식을 한다는 문자가 왔지만, 진짜 그렇게까지 할까. 운동장까지는 들어가겠지. 잠깐 사이 우리는 교문 앞에 도착했다.

그런데 바리케이드가 교문 입구를 가로막고 있었다. 입김이 하얗게 보이는 추위 속에서 식장에도 집에도 가지 못하는 사람들이 서성였다. 졸업식 특수를 노리는 꽃다발은 인도 한쪽을 차지한 채 방문객들의 선택을 기다리고 있었다. 다른 쪽에서는 학교 안으로 들어가려는 학부모들과 이를 저지하는 학교 관계자들이 대치 중이었다. 남편과 나는 양쪽을 번갈아 보며 입을 다물지 못했다. 상황을 파악해 보려 했다. 어영부영 교문 앞에 서 있는 와중에도 시간은 흘러갔다. 그날이 마지막 등교였던 졸업생들이 경사로를 따라 내려오는 것이 보였다. 교실에서 방송 졸업식을 하고 내려온 것이다.

졸업식 행사를 준비했던 고2 후배들은 보람 없이 각자의 교실에 있었다. 우리는 교내 기념사진 한 장 찍지 못했다. 아이가 학교 다닐 동안 학교에 별로 가지 않아 더 아쉬웠다. 졸업식 특유의 분주함과 설렘 등 다양한 이야기가 담긴 사진이 아들의 20살 인생에서는 없겠구나 싶었다. 아이들은 졸업만으로도 마냥 좋은지 표정이 환했다. 막힌 교문 앞에서 가족들, 친구들과 사진을 찍기 시작했다. 남편과 나도 정신 차리고 교문을 배경으로 섰다. 졸업 앨범과 졸업 증서, 꽃다발을 잘 보이게 들었다. 우리와 사진 몇 장을 찍은 후 아이는 친구들과 시간을 보내러 갔다. 남편과 나는 방향을 바꿔 가며 사진을 몇 장 더 찍었다.

아들을 기다리며 하릴없이 주위를 돌아보았다. 교문 주위에 모여 있던 학생들과 축하객들의 수가 점점 줄어들고 있었다. 진열대에 아직 꽃다발이 남아 있는 장사꾼들은 철수 준비하기도 하고 가격 깎아 달라는 사람들과 흥정을 벌이기도 했다. 2020년 졸업식 풍경은 이전에는 없던 모습이었다.

내 초중고 졸업식 사진에는 엄마가 없다. 언니들 사진에도, 여동생 사진에도 엄마는 없었다. 새 물건이 별로 없어도 엄마는 가게를 지켰다. 우리 오 남매 모두 평범하게 학교에 다녔다. 졸업식 날 엄마가 오실 정도로 뭔가 내세울 게 없었다. 남동생은 외아들이고 막둥이여서 가족 모두 총출동했지만 네 자매 중 서열 세 번째 딸의 졸업식은 없는 형편에 굳이 가지 않아도 되는 행사였다. 우리 집의 암묵적인 합의대로 아빠가 졸업식에 참석했다. 엄마가 참석하기를 바랐지만 말하지 못했다. 딱히 명분이 없었다. 자장면과 군만두로 졸업 행사를 마쳤다. 뿌연 내 졸업식 기억 위로 아이의 졸업식 풍경이 덧대졌다.

마지막으로 교문을 바라보았다. 아이는 전교 부회장으로 선출된 후 딱 한 번 내게 도와줄 수 있냐고 물었다. 당시 대학원에 다니고 있어 여유가 없었다. 나서는 것을 별로 좋아하지 않기도 했다. 엄마가 꼭 필요할 때 다시 부탁해 달라고 했다. 아이는 그 후로 학교 관련 일을 요청하지 않았다. 아이 학교에 관한 기억이 없어 그다지 내세울 추억이 없다. 그런데도 졸업식장에 못 들어갔다는 이유로 학교에서 소외되는 것 같았다.

아이에게는 영원히 남을 학교이다. 아름다운 기억으로 마무리할 충분한 자격이 있는데 특수한 상황이 졸업생 권리를 빼앗았다. 방송 졸업식을 마치자마자 아이들은 벌써 다른 세상으로 갈 채비를 했다. 상황을 받아들인 건지, 졸업 자체가 주는 행복인지 모르겠지만 아이들은 홀가분해 보였다. 겪지 않아도 될 일을 겪는 아이들에 대한 안타까움은 나를 포함한 몇몇 어른들의 생각일지도 모르겠다.

'사물이 보이는 것보다 가까이 있습니다.'

영화 〈쥬라기 월드〉에 주인공이 공룡을 피해 자동차로 도망가는 긴박

한 상황이 있다. 주인공은 사이드미러로 공룡이 얼마나 가까이 있는지 확인한다. 자막에 나온 문구를 머리로 이해한 순간 주인공이 뒤를 돌아본다. 주인공도 나도 소리를 질렀다. 공룡이 곧 차를 덮칠 기세였다.

불과 얼마 전까지만 해도 코로나가 일으킨 사태는 체감할 수 없을 만큼 아득히 먼 곳에 있었다. 대중매체에서나 볼 수 있던 팬데믹 파편이 시공간을 밀고 들어와 내 주변에 흐트러졌다. 백신은 아직 나오지 않았고 감염에 대한 대비책도 없는데, 감염자 수는 연일 수직으로 상승했다. 공포가 전이되는 속도가 코로나를 능가했다. 실체를 알 수 없는 적과 붙기도 전에 패배한 기분이었다. 단 한 번의 사건으로 끝날 거라 여겼었던 것들이 장기간 계속되었다.

역설석으로 '그냥 하루'가 소중해졌다. 지루할 만큼 무난했던 일상이었다. 여행이나 가야 특별할까. 이제는 코로나에 걸리지 않고 지나가는 평범한 하루가 선물이었다. 매일 반짝이는 날을 살 수 없지만, 매번 감사하며 살아야겠다는 기도가 다짐처럼 피어났다.

3. 위기인가 기회인가

"중국 우한에서 정체불명의 폐렴이 퍼지고 있습니다."

그저 텔레비전 국제 뉴스 기사일 뿐이었다. 영상으로 우한 수산 시장을 보여 줄 때도 남의 나라 얘기였다. 박쥐와 천산갑이 시장에서 거래될 수 있다니, 별걸 다 파는 나라답다고 생각했다. 2020년 1월 20일에 중국에서 들어온 사람이 첫 확진자로 나온 뒤 분위기는 조금씩 달라지기 시작했다. 메르스랑 비슷한 호흡기 질환인가 싶었다. 1번 확진자만 잘 격리하면 될 줄 알았다. 1월 23일에 여행 예약을 한 것도 그 때문이었다.

2020년 2월 18일, 31번 확진자가 대구에서 발생했다. 이를 기점으로 위쪽에 있던 확진자들이 아래에도 나타나기 시작했다. 동선이 드러나면서 격리자가 기하급수로 늘어났다. 같은 공간에 있기만 해도 격리 대상이 되었다. 이를 기점으로 전국 여기저기서 코로나 환자가 폭증하기 시작했다. 매일 늘어나는 숫자에 사람들이 불안을 느꼈다. 보건당국은 간첩을 색출하듯 CCTV를 보며 신원 파악하고 동선 파악이 안 되는 사람들은 자진해서 검사받으라는 안내 방송이 계속됐다.

코로나 환자와 같이 있던 이가 주변에 보이면 한 발 뒤로 물러서거나 자리를 피했다. 코로나에 걸린 자체가 죄인과 같은 취급을 받았다. 가족과 동료끼리 서로 단속했다. 예민한 시선들이 기침 소리가 나는 방향으로 향했다. 불편한 침묵이 흐르고 기침한 이는 변명이 가득한 손사래를 쳤다. "감기예요, 감기!" 타인의 시선을 분산시키기 바빴다. 불신은 이곳저곳에 무거운 분위기를 조성했다.

우리에게도 결정해야 할 시간이 다가왔다. 잔금을 치르든지 여행을 포기하든지. 뉴스에서는 타국 여행객의 입국을 거부하는 국가들 사례가 나오고 있었다. 입국 거부가 되면 예치금도 돌려받을 수 있다고 했다. 코로나도 무섭지만, 2주 자가 격리가 암담했다. 여행 2주에 격리 2주까지. 수업 공백이 크면 아이들 입시에도 지장이 있어 여행을 강행할 수 없었다. 결국 우리는 예치금을 포기했다. 몇 달 모은 금액이 허망하게 사라졌다.

여행사들의 도산 소식이 연이어 들렸다. 그 여파는 항공기 업계, 숙박업계로 이어졌다. 코로나 감염이 퍼진 곳 어디서나 앓는 소리가 들렸다. 직장인들의 회식이 취소되었다. 저녁 모임이 끊기자 1차 회식 장소인 식당이 타격을 입었다. 술집, 노래방 등 2차 장소로 퍼졌다. 각종 뉴스에서는 코로나 현황을 실시간으로 수치화해 내보냈다. 시간이 멈췄다! 집에서 쉴 수 있는 시간이 늘었지만, 바깥세상이 지나치게 고요했다.

'코로나19가 바꾼 일상, 집 안 문화생활·집 근처 야외 활동'.

전쟁 같은 일상이 거의 1년이 되어 갈 무렵의 기사 제목이다. 우리도 집에서 영화를 보기 위해 빔을 설치했다. 한 플랫폼은 인터넷 무료 음악 회를 라이브로 즐길 수 있도록 서비스했다. 코로나 사태로 어떤 기업은 문을 닫게 됐지만, 다른 기업은 성장하는 기회가 되었다. 아니, 성장 기회로 만들었다. 마스크 회사, 백신 회사들이 그렇다. 관련 업종들도 동반 성장했다.

바짝 다가온 코로나의 위기는 일상에 이어 일에도 침범했다. 신학기 예비 학년의 모집이 원활하지 않았다. 이참에 학원을 쉬겠다는 학부모도 있었다. 한두 달 학습 공백보다 감염에 민감했다. 그도 그럴 것이 학교뿐 아니라 어른들 직장 생활에도 지장이 있었기 때문이다. 가족 구성원 중 한 명이라도 코로나에 감염되면, 가족 모두 격리했다. 초기에 전염병에 대한 지식도 얼마 없었기에 정부는 원천 봉쇄의 방법을 택했다. 신규 회원이 들어오지 않은 데다 이탈하는 친구들이 늘어나기 시작했다.

수입은 절반으로 줄어들어 경제적인 여유는 없어지고 여유 시간은 상대적으로 늘었다. 쉴 수 있을 때 쉬자고 편한 마음을 가지려 했다. 그동안 가지 못한 여행을 가 볼까 하는 생각이 들었다. 제주도 비행기 푯값과 숙박 비용이 거의 절반으로 떨어졌다. 분명 기회인데, 위험을 감수할 용기는 나지 않았다.

수집하듯 모아 둔 책이 보였다. 시간이 많아 결정 장애가 생겼다. 바쁠 때는 시간 나면 읽겠다고 했는데 여전히 읽지 못하고 있었다. 눈에 들어오지 않는 책 제목들을 억지로 머리에 넣고 있을 때 요가원에서 문자가 왔다. '국가적 위기 상황에 함께 힘을 모을 때라 판단'해 한 달 동안 문을 닫는다고. 매일 요가 스트레칭으로 어깨 통증을 다스렸는데 이제 혼자 해결해야 한다.

타국에서 발생한 사건이 국경을 넘어 내 일상을 덮쳤다. 딴짓을 한 것도, 게으르게 산 것도 아니다. 외부의 사건이 위협으로 다가왔다. 도미노처럼 닥치는 상황에 삶이 위태로웠다. 일도 건강도 무방비 상태에 놓였고 나뿐 아니라 전 세계인이 공황에 빠졌다. 출구를 알 수 없어 막막했던 순간 나에게 질문을 던졌다.

'이것은 위기인가, 기회인가?'
위기라면 무엇으로 극복할 수 있을까. 기회라면 어떻게 잡아야 하나. 인생의 선배들은 책, 강의 등 여러 도구로 많은 경험을 전한다. 용기를 얻어 새로운 일을 시작하는 동기는 될 수 있지만, 엄밀히 말하면 그것은 내 길이 아니다. 그들의 길을 답습하는 것일 뿐. 오롯이 혼자의 힘으로 디딘 길만이 내 길이다. 더디더라도, 앞에 어떤 일들이 기다릴지 알 수 없더라도, 움직여야 답을 찾을 수 있다. 이제 움직일 때다.

4. 조바심을 누르고

'수업과 요가는 한 달 휴무, 각종 모임 무기한 연기, 독서 모임 간헐적 휴식, 교회 출입 중지'

2020년 3월, 일상과 일정에 대대적인 지각 변동이 일어났다. 뉴스에 접속해 코로나 상황을 지켜보고 매일 확진자 발생 지역을 알리는 문자를 확인하는 것이 일상이 되었다. 감염을 우려해 초중등 수업이 줄어든 대신 입시 걱정에 고등학생 일대일 수업은 늘었다. 마스크를 끼고 투명 가리개를 두고 수업했다. 감염 확률을 낮추기 위해, 마트에 가는 대신 생필품을 배달시켰다.

집순이 기질이 다분한 나는 한 달 동안 모든 일정이 중지되었음에도 타격감을 못 느꼈다. 오히려 좋았다. 습관적으로 참석했던 월례 모임에 대해 생각했다. 회비는 다달이 빠져나가는데, 그에 비해 교류는 얼마나 있는지, 진정성 있게 참여하는지 돌아볼 수 있는 계기였다. 단순하게 여겼던 친목 모임도 나와 타인의 교집합을 유지할 수 있기에 결코 작은 일이 아니라는 것을 알았다.

아이들 물건을 정리하면서 방도 재배치했다. 큰아이는 군 생활 중이었고 작은아이도 대학 기숙사에 들어갈 예정이었다. 하지만 전국의 대학 새내기들이 캠퍼스를 누비는 대신 집에서 온라인 강의를 들었다. 그래도 곧 작은아들이 떠날 것을 염두에 두고, 방을 바꾸기로 했다.

남편의 서재는 안쪽에 있었다. 밤 12시 다 되어 퇴근하던 어느 날 밤, 도로 쪽에서 집을 바라봤다. 남편이 퇴근한다는 문자를 초저녁에 받았는데 거실 불이 꺼져 있었다. 일찍 잔다고 생각했다. 아파트를 끼고 돌아 집 쪽으로 향했는데, 서재 불이 켜져 있는 게 보였다. 현관문을 열고 들어가니 온통 캄캄한데 안쪽 방에서 불빛이 새어 나왔다. 아이들이 고등학생이 되면서, 남편의 퇴근을 맞아 줄 사람이 아무도 없었다. 이전까지 야근이 많았는데, 50대에 들어서면서 퇴근이 빨라졌다. 코로나로 회식과 운동 일정이 취소되어 집에서 혼자 저녁을 차려 먹는 일이 늘었다.

지인의 추천으로 봤던 영화 〈인턴〉이 떠올랐다. 주인공 벤은 70세, 법적으로 노동 나이가 종료되었다. 퇴직 기념으로 아내와 세계 여행을 다녀왔다. 필름이 빠르게 감기면서 노부부가 골프를 배우고 책을 보는 장면이 지나간다. 부인과 사별한 뒤, 매일 같은 삶이 반복된다. 벤은 아침마다 카페에 가서 커피를 마신다. 출근하는 직장인들을 보며 어딘가에 소속되고 싶어 한다. 무료한 것을 못 견디는 벤의 모습이 한동안 어른거렸다.

유효기간 없는 단순 반복은 지루함을 유발하고 삶을 망가뜨릴 수도 있다. 작가 고쿠분 고이치로는 자신의 저서 『인간은 언제부터 지루해했을까?』에서 '지루함'이란 '공허하게 방치된 것'이라고 말한다. 새로운 사건이 일어나기를 기대하지 않거나 기대하지 못하는 상황이 사람을 힘들게 할 수 있다. 그날 밤 나는 남편에게서 벤의 모습을 보았고 슬프게 각인되었다. 잠시라도 몰두할 일을 만들어 주고 싶었다.

거실을 차지했던 나는 남편에게 거실을 서재와 '홈 카페'로 꾸미자고 제안했다. 핸드 드립 커피를 내려 마시는 재미에 빠져 있던 남편은 흔쾌히 응했다. 그동안 손님들이 오면 방으로 데려가 드립을 내려 주곤 했는데 거실에 홈 카페를 설치하면 손님 접대하는 게 수월하다고 여긴 것이다. 커피를 마실 수 있는 홈바 테이블과 홈바 높이의 의자, 커피 기구들을 전시하고 커피용품을 두고 쓸 테이블을 주문했다. 덕분에 한동안 남편이 바쁘게 움직였다.

"홈바 테이블 위에 카페 조명이 있으면 예쁘겠다."
어느 주말에 퇴근하고 집에 오니, 거실이 환했다. 천장 동서남북에 무려 15개가 달린 사각 레일이 설치되어 있었다. 과하다고 생각했지만, 멋지다고 말했다. 남편은 말만 하면 천장에 설치한 레일에 조명을 더 달 수 있다며 너스레를 떨었다. 조명이 은은하게 거실을 비추니 카페 분위기가 나서 좋긴 한데 아쉬운 게 있었다.

"거실에서 영화 볼 수 있을까?"

남편은 바로 움직였다. 틈나는 대로 가성비가 좋은 상품을 검색했다. 남편 모습이 사뭇 진지했다. 몇 주 지난 토요일 오후에 빔프로젝터와 스크린을 설치했다. 그 후 불 꺼진 거실에 들어가지 않아도 되었다. 조명만으로도 집안 분위기가 따스해졌다. 남편은 한동안 활기가 돌았다.

코로나로 퇴직 후의 일상을 연습했다. 다음 작동을 위해 기름칠하는 기계처럼 삶을 점검했다. 인간관계를 돌아보고 집 정리도 했는데 이제 뭘 해야 하나. 벤도 이런 느낌이었을까. 희미한 빛을 보고 터널을 빠져나온 줄 알았다. 몇 개월만 견디면 코로나 상황이 종료되어 있을 줄 알았다. 시간은 어느 정도 흘렀는데 여전히 동굴 속을 더듬는 기분이었다. 코로나 환자 수치는 최고점 찍기를 반복했다. 남편은 코로나 감염 없이 회사에 나가고 나도 여전히 수업하고 있었다.

불쑥불쑥 온갖 감정이 번갈아 등장했다. 나만 고요한 세상에 머무는 것인가. 방음이 완벽한 녹음실 안에 있는 것 같았다. 다른 사람들은 뭐 하고 있을까. 이렇게 계속 지내면 되는 건가. 한 달의 유예기간이 지나면 일상을 되찾는 건가. 반환점을 무한 왕복하는 질문들이 이어졌다. 팬데믹 이전에는 그다지 궁금하지 않던 타인의 일상이 궁금해졌다. 조바심이 나서 가만히 앉아 있을 수 없었다.

우리말 '조바심'은 조의 이삭을 떨어서 좁쌀을 만드는 일이다. 곡식 '조'와 타작을 뜻하는 '바심'이 결합해 만들어졌다. 조는 질긴 껍질 때문에 이삭을 떨어내는 게 쉽지 않다고 한다. 조는 세게 떨면 엉뚱한 곳으로 날아가 버려 수확을 망칠 수도 있다. 그래서 '조'를 타작할 때는 힘이 더 들고 농부들의 마음이 급해진다고 한다.

낯선 세계를 접하기 전에 조바심부터 눌렀다. 섣부르게 움직이기보다 흐름을 지켜보며 움직이기로 했다. 일상을 유지하며 호흡을 골랐다. 힘 조절을 위해 손아귀의 힘을 풀었다. 기회가 있을 만한 곳에 내릴 그물과 닻을 준비했다. 거를 것을 고르고 걷어 올려야 할 때를 눈여겨보기 시작했다. 삶을 정돈하고 인간관계를 재정립했다. 새로운 곳에 닻을 내릴 시간이다.

5. 언컨택트로 바뀌어 버린 삶

통증은 어깨부터 시작되었다. 처음에는 잠을 잘못 잤나 생각해 원 그리듯 어깨를 살살 돌렸다. 묵직한 뭔가가 어깨를 찍어 누르고, 아래로 팔을 잡아끄는 듯했다. 한쪽 손으로 반대쪽 어깨를 번갈아 두드리는 일이 잦아졌다. 요가를 쉰 지 2주일이 지나서야 알아차렸다. 내가 흐트러지고 있었다. 오전에 침대에 머무는 시간이 점점 길어졌다. 바쁘게 씻고 화장할 필요가 없었다. 집순이 4주 차, 무기력이 뚜렷해졌다. 출근하려고 나서면 세상 모든 게 내 어깨 위로 얹히는 듯했다. 공기도 바람도 구름조차도 무게로 다가왔다. 머리를 지탱하는 몸이 균형을 잡느라 휘청거렸다.

10년 넘게 거의 매일 운동했다. 한 달 가까이 운동을 쉰 것은 처음이었다. 절박해졌다. 스트레칭이라도 해야겠다 싶어 요가 매트를 주문했다. 5년 정도 했으니 기본 동작 정도는 몸이 기억하겠지 싶었다. 거실 바닥에

요가 매트를 깔았다. 눈을 감고 심호흡했다. 강사가 했던 동작을 머릿속으로 떠올리며 천천히 움직였다.

"1년, 2년, 3년……."

요가원에서 하던 구령을 하며 동작을 시작했다. 멈칫. 구령이 계속 이어지지 않았다. 동작과 동작이 연결되지 못하고 삐걱거렸다. 노트북을 가져와서 유튜브에 '요가'를 검색했다. 두루마리 펼쳐지듯 수십 개의 콘텐츠가 열렸다. 동영상 몇 개를 훑어보기만 하는데도 시간이 흘렀다. 눈으로 운동하다 끝나겠다 싶을 정도였다. 검색 창에 '스트레칭 요가'를 입력했다. 운동 시작할 때 하는 동영상을 골랐다. 음악에 맞춰 강사를 따라 움직였다. 녹슨 기계처럼 삐거덕거리기는 했지만 혼자 할 때보다 나았다.

며칠 뒤, 요가원에서 만든 동영상이 밴드에 올라왔다. 나같이 힘들어하는 회원들이 많았나 보다. 휴원이 길어지니, 본원에서도 불가피한 결정이었을 것이다. 이탈 회원을 막고 코로나 이후 수월하게 요가원에 복귀하도록 본원 원장이 영상을 제작해 올렸다. 촬영 장비를 갖추고 편집하느라 늦어지긴 했지만, 온라인으로라도 회원들의 건강을 돕기 위한 노력이 보였다. 이전에도 홈트레이닝이 온라인에 있기는 했지만, 이제는 온라인 세상에 전면 등장했다. 기존 채널은 조회 수와 구독자 수가 급증했고, 신규 채널도 폭발적으로 늘었다. 운동만이 아니었다.

"우리 줌에서 만나는 건 어때요?"

코로나 이전에 대구, 부산, 창원 선생님들과 매주 모여 독서 모임을 하고 있었다. 5년 정도 해 온 모임이었다. 특별한 일 없이는 모임을 쉬지 않았는데, 코로나로 몇 주 쉬었다. 모임이 재개되기를 기다리고 있는데 한 선생님이 온라인 모임을 제안했다. '줌'이라는 용어를 처음 접했다. 가장 아날로그적 활동이 독서인데, 이를 디지털 세상에서 만난다고? 온라인으로 독서 모임을 하게 될 거라는 생각을 해 본 적이 없어서인지 반발심이 먼저 들었다. 생물학적 나이와 디지털 나이가 다르다고는 하나 독서 모임 선생님들 평균 연령은 당시 51세였다. 생물학적 나이로는 내가 가장 막내였지만 가장 나이가 많은 선생님이 줌을 비롯한 온라인 세상에서 앞서가기 시작했다. 첨단 과학 문물에 도전 가능한가로 디지털 나이가 판명된 순간이었다.

한 선생님은 처음 접속할 때

"아, 복잡해. 어떻게 하라고? 머리 아픈데 이거 해야 해?"

말로는 이러면서도 포기하지 않았다. 하나하나 순서대로 따라 하더니 결국 줌에 접속했다. 첫날은 어수선했다. '음소거' 기능이 작동되었다가 해제되고, 비디오 화면이 켜지고 꺼지는 것을 반복했다. 우여곡절 끝에 5명이 한 화면에 담겼다. 드디어 온라인 세상에서 만났다. 일시적이라고 생각했던 온라인 모임은 코로나가 소강상태 될 때까지 이어졌다. 처음에는 접속만 해도 다행이라 생각했는데 모임 횟수가 늘수록 익숙해졌다.

그때 독서 모임에서 읽은 도서는 김용섭의 『언컨택트』였다. 코로나19 사태 초기에 나온 책이다. 갈팡질팡하면서도 중심을 잡고 싶었다. 변화하는 세상을 이해하고 가야 할 곳에 대한 방향을 잡기 위해 책을 읽었다. '언컨택트'란 컨택트(접촉)하지 않겠다는 뜻이다. 저자는 이 시기가 갑자기 온 게 아니라 이미 새로운 세상을 추구하는 욕망이 누적되어 분출됐다고 말한다. 언컨택트로 일상의 접촉이 강제로 단절되었다. 그러자 접촉하고 싶은 또 다른 욕망이 온라인 세상으로 연결되었다. 만남의 방식이 바뀌었다. 이미 온라인에서 활동하는 이들도 있지만 급격한 환경 변화로 전 분야에서 언컨택트가 가속화되었다.

일상의 공백이나 불필요한 것들이 빠진 자리에는 기술이 채워진다. 기술을 만들어 내는 주체가 있다면 이를 물질을 동원해 누릴 수 있는 계층과 그렇지 못한 계층이 존재하게 된다. '언컨택트 디바이드(격차)'가 생기고 이에 적응하느냐 하지 못하느냐의 문제가 발생한다. 환경에 적응하는 사람에게 기회가 생긴다.

세상의 중심이 온라인 세상으로 이동하는 것이 확실하게 보였다. 고수는 자신의 패를 잘 알고 때를 적확하게 노린다. 하수는 어쩌다 들어온 패 하나로 흥분해서 자신의 모두를 건다. 중수는 성공 가능성과 실패 가능성을 모두 열어 둔다. 내가 가진 패를 꼽아 보았다.

'책 읽기, 국어 수업, 배우기를 좋아하는 것, 강의 듣는 것, 말하는 것.'

이것들로 할 수 있는 일이 무엇일까. 결혼 후 좋아하는 일을 선택한 것은 내 생애 두 번째로 잘한 일이었다. 관련 자격증을 따고 강의를 꾸준히 들으면서 역량을 쌓기 위해 노력했다. 이제 가진 패들을 온라인 세상과 연결하는 일을 시도할 시간이다.

"실패하더라도 해 보자!"

주저하지 않기로 했다. 온라인 세상으로 들어가기로 했다. 해답을 찾을 수 있는 길이라 확신했다. 실패할 수도 있다. 랜디 k. 멀홀랜드는 이렇게 나를 독려했다.

"우리 모두 살면서 몇 번의 실패를 겪는다. 이것이 바로 우리를 성공할 수 있도록 준비시킨다."

나는 성공을 준비하기 시작했다.

6. 빈둥지증후군? 그렇거나 아니거나

"도대체, 애들은 언제 크는 거냐고!"

아들들이 중3, 중1이었던 해, 이 질문은 극에 달했다. 부글부글 끓어오르는 절규의 부르짖음은 마그마처럼 터질 곳을 찾아 온몸을 돌아다녔다. 금방 터질 듯 검은 연기를 뿜어 대는 폭발 직전의 화산, 40대 초반의 내 모습이었다. 그나마 온화한 겉모습을 유지할 수 있었던 것은 활화산 상태가 평균 주 2회를 넘지 않았기 때문이다. 아니, 넘지 않도록 아이들과의 접촉을 최소화했다. 엄마로서 살아남으려는 방법이었다.

'돌밥돌밥'은 2020년 코로나 시기에 생성된 신조어다. 학교 개학과 휴학이 반복되고 온라인 수업이 늘었다. 주부들이 집에서 자녀들을 돌봐야 하는 시간이 많아졌다. '돌아서면 밥을 해야 하는 주부'를 표현한 말이다. 이 현상을 나는 그 이전에 겪었다. 돌아서면 간식 준비하고 돌아서면 밥 준비하느라 바빴다. 자그마했던 아들들이 2년 동안 180cm 이상으로 훅 자랐다. 폭풍 성장은 폭풍 식욕을 동반했다. 매일 출근 전에 한가득 간식과 저녁거리를 준비해 두었다. 두 녀석 먹으라고 둔 간식을 한 녀석이 자기도 모르게 흡입해서 다툼이 생기기도 했다. 식사를 차리면 쓱 쳐다보고 고기가 없으면 자리에 앉지 않으려고 했다. 라면, 햇반 등 비상식량은 필수였다. 두 녀석 간식비는 식비를 초과했다. 몸이 피곤한 날은 아들들 독립이 얼마나 남았을까 헤아리며 잠들 때도 있었다.

거대한 태풍이 제자리에서 강력한 위력을 뽐내며 한동안 머무르는 것처럼 아들들의 중학생 시절은 길고 강하게 느껴졌다. 고등학생이 되고부터는 아들들 뒷모습조차 보기 힘들었다. 싱크대에 있는 그릇 개수와 시큼한 빨래 더미로 아들들의 존재를 확인할 때가 점점 많아졌다. 야간 자율학습을 하거나 독서실에 있거나 혹은 친구들과 어울리느라 아이들이 바깥에 있는 시간이 늘어났다.

언제 크나 했던 녀석들이 동시에, 아무도 없는 날이 왔다. 재수, 입대로 번갈아 집을 비우더니 두 녀석 모두 집을 떠났다. 그것도 코로나로 거의 모든 일상이 소강상태에 있을 때. 이제는 챙겨 줄 시간적 여력이 되는데, 아이들이 없다. 아이들이 떠나고 처음 며칠은 밥도 대충 먹었다. 아들들 방을 정리해야 하는데 멀거니 있다가 나오기도 했다. 아, 이거 빈둥지증후군인가.

육아 퇴직 후 진짜 나를 만나게 되었다

"빈둥지증후군이란 중년의 주부가 자기 정체성 상실을 느끼는 심리적 현상이다."

부부 중심이었던 가정생활은 자녀가 태어나면 자연스럽게 중심축이 이동한다. 육체적으로 돌봄이 필요한 유아 시기를 거쳐 자녀가 독립할 시기까지 부모는 대부분 자녀에게 상당한 노력을 기울인다. 자녀들이 성장해 진학, 취직, 결혼 등으로 자신의 자리를 찾아 독립하면 가정은 빈 둥지만 남게 된다. 이때 부모는 소외감을 느끼기도 하는데, 정서적으로 자녀와 긴밀한 유대감을 갖는 주부에게서 이런 현상이 도드라진다.

내용을 찬찬히 몇 번 더 읽었다. 자체적으로 '빈 둥지 1단계'를 발령했다. 아들들이 진학과 군대로 집을 비우기 시작했지만, 대신 남편의 퇴근이 빨라지고 있다. 예전에 아들들이 내게 하던 질문을 요즘 남편이 한다.

"언제 퇴근하십니까?"

'중년 주부의 자기 정체성 상실', 이것도 아니다. 중년 주부는 맞지만 자기 정체성으로 고민하지는 않는다. 빈 둥지만 남은 것은 맞지만 심리적 문제는 아니라고 최종 진단을 내렸다. 문제가 아니라면 이 상황에 어떻게 대처할 수 있을까? 빈 둥지의 좋은 점을 꼽아 보았다.

우선 꼬박꼬박 끼니를 챙기지 않아도 되어 시간적 여유가 생겼다. 아이들을 먹이려면 재료를 사고, 요리해서 챙겨야 한다. 그럴 여유가 없으면 반찬가게에서 사다 나르기라도 해야 했다. 빈 둥지가 된 후, 식사 준비와 뒤처리에 드는 시간이 줄었다. 운동을 좋아하는 녀석들이라 운동복과 수건 빨래가 많았고 매주 교복까지 세탁해야 했는데 이제는 세탁기 돌리는 횟수가 줄었다. 집 곳곳을 어지르며 흔적을 남기는 아들이 없다. 내가 어지른 것만 치우면 되니 청소 시간이 줄었다.

또 주머니 사정이 나아졌다. 고등학교까지 아이들 교육비는 내 담당이었다. 아이들이 대학생이 되고부터 남편이 경제적 지원을 전담한다. 나는 아이들이 원할 때 용돈을 주거나 생필품을 주문해 주는 정도이다. 그동안 1순위로 지출했던 교육비를 나에게 투자할 수 있게 되었다.

정신적인 여유도 생겼다. 눈앞에 아들들이 있을 때는 잔소리가 새지 않도록 혼신의 힘을 다했다. 이제는 보고 싶어도 자주 못 봐서 불만도 생기지 않는다. 오히려 믿음이 생겼다. 누구 어머니시냐고 묻는 전화가 없는 걸로 봐서 잘 지내겠거니 한다.

엄마로 사느라 포기할 수밖에 없던 일들이 있다. 나 역시 그랬다. 중국 여행 상품을 포상으로 받았는데 아이들이 어려서 여행을 포기했고, 아이들을 제때 등교시키기 위해 오전 강의를 양보했다. 강사 커리어를 유예했다. 아이들을 키우는 것이 무엇보다 중요하고 급한 일이었기에 먼저 했다. 엄마의 이력과 자녀 양육은 중요도가 아닌 우선순위의 문제라 여겼다. 잘하고 못하고의 결과도 나중 문제다. 아이들이 제 몫을 할 수 있는 성년으로 자랐다면 부모는 충분히 칭찬받을 만하다.

'빈 둥지'는 새로운 일을 시작하기에 최적의 환경이다. 비어서 슬픈 공간이 아니라, 채울 수 있어서 행복한 공간이다. 그동안 미뤘던 과제를 시작하고, 버킷리스트에 적어만 두었던 일을 구메구메 담으면 된다. '빈 둥지'가 터져 나갈 듯이 쌓아 가는 재미, 그것이 빈 둥지를 가진 이들의 특권이다.

빈 둥지 빌드업 RGPD법 N단계

'빈둥지증후군'을 이겨 내기 위한 단계별 프로젝트 RGPD법

'빈둥지증후군': 자녀가 독립하여 집을 떠난 뒤에 부모나
                양육자가 경험하는 슬픔, 외로움과 상실감

아들들이 대학 진학하면서   >   자녀 독립에 대한 준비가 없어서
빈 둥지가 됨   잠시 상실감을 느낌

                                                            ∨

버킷 리스트 실현을 반복하다   <   자체 진단 후
프로젝트가 됨   빈 둥지 채우기 시작

RGPD법 : 경험을 바탕으로 정리

1단계	>	2단계	>	3단계	>	4단계
인정 (**R**ecognize) 단계		**파악** (**G**rip) 단계		**준비** (**P**repare) 단계		**실행** (**D**o) 단계

육아 퇴직 후 진짜 나를 만나게 되었다

제2장

엄마,
독립 중입니다

1. 체질 바꾸고 싶습니다

"체질 바꾸고 싶습니다!"

고2 여름, 큰아들이 선언했다. 큰아들은 아토피가 심했다. 손목과 목, 무릎 뒤 등 접히는 곳에 항상 피딱지가 있었다. 처음에는 가려워서 긁었고 나중에는 습관처럼 긁었다. 머리와 얼굴에도 거북이 등딱지 같은 두툼한 딱지가 항상 자리했다. 모자가 달린 티셔츠가 아이의 교복이었다. 아이의 주변에 음울한 기운이 따라다니는 착각마저 들었다. 건조한 계절에는 갈라진 딱지 사이로 피가 났다. 아들과 함께 있으면 나도 가려웠다. 음식을 가려서 먹으면 조금 나을 텐데, 라면과 치킨과 과자 등을 입에 달고 살았다.

임신했을 때, 입덧이 조금 있었다. 수박은 풀 냄새가 나서 도저히 먹을 수가 없었고 속이 더부룩하게 느껴져 개운한 음식을 찾았다. 열무김치

국수와 아귀찜, 양념게장 같은 음식이 당겼다. 결혼 후 남편 직장이 있는 경상도로 왔다. 임신하니 엄마가 해 주는 반찬이 그리웠다. 전라도에 계신 엄마에게 부탁하기 힘들어 대충 먹었다. 임산부가 영양분은커녕 끼니조차 제때 챙겨 먹지 않았다. 주말에는 느끼한 입덧을 견디기 위해 맵고 짠 음식을 사 먹었다. 아이가 태어나고 며칠 지났을 때, 아이 얼굴에 태열로 인한 붉은 반점들이 생겼다. 면역을 위해 모유를 먹였지만, 수유 중에 임신이 되어 그마저도 중단했다.

아이가 자라면서 살이 겹치는 부분에 아토피가 보였지만 크면 나아지려니 했다. 심할 때는 병원에 다니며 항생제로 가라앉혔다. 조미료를 버리고 프랑스제 도자기 냄비가 좋다고 해 거금을 들여 구입했다. 이런 노력 덕분인지 겉보기에는 점점 나아지는 듯했다. 초등학교 2학년 때 수영장에 다니면서 아토피가 재발했다. 항생제 먹고 보습제 발라 가며 가라앉히는 일을 반복했다.

2012년 지금의 집으로 이사했다. 아파트가 낡아 싱크대, 화장실, 페인트칠까지 전체 수리를 했다. 예산에 맞춰 인테리어업체를 선택했는데, 이사하고 얼마 지나지 않아, 아들의 온몸이 울긋불긋해지기 시작했다. 이사 올 때 눈을 찌르던 페인트 탓인가. 아이는 피가 날 정도로 긁고 갈라진 곳이 아파서 울었다. 하필 중학교에 입학한 지 얼마 되지 않았을 시기였다.

친구들이 주로 진학하는 학교 대신 아이는 가고 싶은 학교를 택했다.

아는 친구도 거의 없었고 새 친구를 사귀지도 못했다. 친구를 바로 사귈 수 있다며 끝까지 고집한 학교였다. 이미 친한 친구들 그룹이 초등학교 때부터 형성되어 있었다. 아토피 증상까지 심해 학교 친구들에게 놀림의 대상이 되었다. 큰아들은 현실도피로 게임에 몰두했고 여전히 인스턴트 식품을 먹었다. 인스턴트 음식을 줄여야 아토피가 낫는다고 혼도 냈지만 고치지 못했다. 대인관계 기피증은 점점 심해졌고 몸 상태는 더 나빠졌다. 신체 사이클이 무너지니, 정상적인 학교생활이 불가능했다. 자신감 넘치고 밝았던 아이는 점점 변해 가고 있었다. 임신했을 때 먹거리에 신경 쓰지 않은 엄마 잘못인 것만 같았다.

게임만 하는 아들에게 좀 더 나은 일을 하라고 했다. 기계적으로 대답하고 돌아서는 아이의 모습에서 모든 소리가 튕겨 바닥에 흩어졌다. 어떤 말도 아이에게 흡수되지 않았다. 무기력과 무의지는 본인도 지켜보는 가족도 지치게 했다.

"빈아, 시험 기간만이라도 최선을 다해 보자."

"……."

"지금 공부하지 않으면 나중에 선택의 폭이 줄어들어. 후회할 일이 생긴다고!"

"후회하지 않아요."

"지금 후회하지 않는다는 말을 한 것도 후회할걸?"

큰아들은 그럴 리 없다며 눈도 깜빡거리지 않고 말했다. 아이는 어떤 반박도 허용하지 않았다. 욕심일지라도 모임에서 나도 얼마쯤 자식 자랑하고 싶었다. 그렇지 않더라도 아들이 열심히 하는 모습을 보고 싶었다. 아들의 무기력이 길어지자, 나는 두려워졌다. 아들이 망가지기 전에 뭔가 해야 했다. 만약 아들이 잘못되기라도 하면 스스로 용서할 수 없을 거였다. 욕심을 내려놓았다. 아이가 자신의 삶을 살 수 있기를 바랐다.

"진짜 하고 싶은 게 뭐야?"

"합기도 배우고 싶어요."

아무것도 하고 싶지 않다던 아들이 말했다. 운동한 후로 웃는 일이 많아졌다. 아이가 점점 밝아졌고 공부 빼고는 다 즐거운 고등학생이 되었다. 운동으로 정신적인 안정은 찾았지만, 여전히 아토피는 아들을 괴롭혔다.

아들은 여자 친구가 생긴 뒤 미래를 생각하기 시작했다. 아토피를 확실하게 치료하는 게 먼저라고 생각했다. 자신의 의지로는 병을 치료하기 힘들다고 판단했다. 아토피 치료할 한방 병원을 알아 왔다. 그동안 양약으로 아토피 완치가 되지 않았으니, 한방으로 체질을 바꾸고 싶다고 했다. 한방 치료가 별 효과가 있을 것 같지 않았다. 돈만 날리는 모험을 하고 싶지 않았다. 그렇다고 무턱대고 반대할 수도 없었다. 내가 침묵하는 사이 남편이 병원에 같이 가겠노라고 대답했다. 아이를 도와주는 게 먼저였다.

"어떻게 하기로 했어요?"

"어, 매달 한약 먹고, 일주일에 두세 번 침 맞고, 뜸을 뜨기로 했어."

남편에게 병원 다녀온 이야기를 들으며 카드 명세서를 봤다. 잘못 본 줄 알았다. 동그라미를 몇 번이나 셌다. 한 달 치료비용에 이 정도라고? 체질이 바뀔 때까지 최소 1년 이상 해야 한다니. 건강한 체질을 못 물려 줘서 미안한 것은 맞지만 그래도 너무 과했다. 아들은 눈빛은 단단했다. 입매에서 확고한 결심이 드러났다. 경제적 이유로 아토피 치료를 미루자고 할 수 없었고, 혼자 힘으로 식습관을 바꿔 보라고 하기도 힘들었다.

병원에 다녀온 날부터 아들은 변했다. 단번에 밀가루와 고기, 인스턴트 음식을 끊었다. 저러다 금방 지치겠다고 할 정도였다. 한 달 만에 아들의 몸무게는 15kg 이상 줄었다. 얼굴을 포함한 전신이 시커멓게 변했다. 명현 현상이라 했다. 김치찌개에 있는 돼지고기를 씹다 뱉기도 했지만 포기하지 않았다. 13개월 넘게 음식을 조절했다. 사 달라고 하는 것만 사 줬을 뿐, 엄마인 내가 한 것이 없었다.

명현 현상이 줄어들고 혈색이 돌아왔다. 아들의 아토피 증상이 사라질수록 바뀌어야 할 것은 나였다. 처음부터 아들의 결심을 적극적으로 지지하지 못했다. 말로 표현하지 않았지만, 아들이 해내겠나 싶었다. 식욕 조절은 보통 의지로는 쉽지 않다. 그 힘든 것을 아들은 매일 성공했다. 아들이 점차 달리 보이기 시작했다. 내가 바뀔 차례였다.

"큰아들, 앞으로 뭘 해도 하겠네. 멋지다."

자신의 의지로 충분히 성장할 수 있는 아이였다. 엄마니까, 어른이니까, 인생 선배니까. 잡다하고 그럴싸한 구실로, 낡아 가는 가치관을 아이에게 덧입힐 뻔했다. 자녀 성장에 마감이 있다면, 얼마든지 기다릴 수 있노라고 여유를 부렸을 수도 있다. 유효기간이 정해지지 않은 기다림이 나를 조급하게 만들었다. 아이의 실패가 고스란히 내 책임으로 돌아올까 두려워하는 부끄러운 엄마였다.

세월 낚는 강태공처럼 느긋하게 기다리기로 했다. 간혹 염려가 앞설 때도 있을 것이다. 하지만 거저 되는 것은 없다는 것을 아는 나이가 되었으므로, 지켜보는 어른이 되기로 했다.

2. 인생, 리셋 버튼을 누르고 싶을 때

2017년 11월 15일, 포항 지진이 발생했다. 다음날로 예정된 '2018 수능'
이 일주일 연기되었다.

큰아들은 어느 정도 아토피 체질을 바꾸는 데 성공했다. 표정도 밝아
졌고 여자 친구와 학교생활을 알콩달콩 이어 갔다. 고1에 만나 함께 고3
이 되었다. 사귄 지 500일 지날 때까지 나는 아들의 여자 친구에 대해 궁
금해하지 않았다. 오히려 아들이 안달하며 이름을 알려 줬다. 그 친구 이
름이 찍힌 스티커가 거실 바닥에 떨어지면서 붙어 버렸다.

"여친이랑 헤어지면 스티커를 뗄게요."

아들은 웃으며 말했다. 고3이 된 아들은 여자 친구와 대학 진학 목표를
세우고 결혼 계획까지 세웠다. 자신이 군대에 있는 동안 여자 친구는 중
국으로 유학을 다녀올 거라 했다. 늦었지만 아들도 공부하기 시작했다.
내신으로 갈 수 있는 대학은 없었다.

수능 100일이 남았을 때, 아들의 컨디션은 나쁘지 않았다. 수능 한 달 전, 아들의 여자 친구는 대학 수시에 합격했다. 놀고 싶겠지만 수능 날까지 아들이 최선을 다하기를 바랐다. 잘하고 있는 줄 알았다. 낯빛이 어두워 보였지만, 시험에 대한 부담감이라고 생각했다.

포항에서 발생한 지진으로 수능이 일주일 연기되는 초유의 사태가 벌어졌다. 그 기간에 정시 치르는 아이들을 위한 프로그램은 없었다. 수시로 대학 가는 친구의 비율이 높았고, 갑작스럽게 대처할 방안이 없었다. 교실 분위기는 느슨하다 못해 소란스럽다고 했다. 연기된 일주일 동안 아들은 내내 PC방에 있었다. 단 하루에 인생이 결정될 수 있는데 게임이라니. 아들의 행동에 화가 났다. 한번 화를 표출하기 시작하면 걷잡을 수 없을 것 같아 아들과 부딪히지 않는 방법을 택했다. 수업을 연장했다. 남편이 퇴근할 때까지 차에서 기다렸다가 집에 들어갔다.

수능이 끝났다. 아들의 얼굴이 어두웠다. 혹시나 거실 바닥을 봤는데 스티커가 없었다. 여자 친구는 잘 있는지 물었다. 잠깐 망설이던 아들은 헤어졌다고 했다. 그러고 보니 최근에 여자 친구에 대한 언급이 없었다.

"언제 헤어졌는지 물어봐도 돼?"

"10월쯤에요."

"왜 헤어졌는지 물어봐도 돼?"

"별거 아닌 일로 다퉜는데, 헤어지자고 답이 왔어요."

말문이 막혔다. 아들의 눈빛이 복잡했다. 나 역시 그랬다. 어쩌면 결혼까지 할 수도 있겠다 싶었다. 수능 치르고 나면 고맙다고 말하려고 했다. 그런데 수능 앞둔 남자친구에게 이별을 고하는 여자 친구라니. 시험을 포기한 아들을 나무라야 할지, 하필 왜 이때였냐고 그 아이에게 따져야 할지, 어른인 나도 갈피를 잡을 수 없었다. 그냥 마음에 묻었다. 마음의 정리를 하느라 피눈물 흘리고 있을 아들 마음에 생채기를 더 내고 싶지 않았다. 아들은 말을 아낌으로써 전 여자 친구에 대한 예의를 지켰다. 나도 시기가 나빴을 뿐이라고 정리했다.

한 달 뒤 수능 성적이 발표되었다. 서로 아무 말도 하지 않았다. 끝날 때까지 끝난 게 아니니 일단 원서는 넣자고 했지만, 아들은 뭔가를 하려 하지 않았다. 성적에 실망한 것인지, 갈 곳이 없다는 절망감인지 알 수 없었다. 성적에 맞춰 원서를 넣었다. 해가 바뀌었지만, 합격자 발표 명단 어디에도 아들의 이름은 없었다. 추가로 뽑는 곳에 원서를 넣자고 해도 아들은 별말이 없었다. 도대체 무슨 생각일까. 2018년 2월 28일, 모든 대학의 원서 마감이 끝났다. 어느 대학이든 대학생이 되어 있을 줄 알았는데, 아들은 어느 곳에도 속하지 못한 민간인이 되었다. 남편과 내가 퇴근하자 아들이 할 얘기가 있다고 했다.

"인생 바꾸고 싶습니다. 재수하고 싶습니다."

내가 생각하는 재수는 평소 열심히 공부했으나, 수능 당일에 제 실력을 발휘하지 못했거나 다른 목표가 있어서 시험을 치르려는 사람이 하는 것이었다. 고등학교 대충 지내다, 대입 실패하고 다른 대안이 없어서 하는 게 아니었다. 남편도 나도 잠시 침묵했다. 재수한다면 어떻게 할 것인지 계획을 물었다. 아들은 독학 재수학원에 다니며 혼자 공부하겠다고 했다. 하라고 할 때는 안 하더니, 이제야 공부하겠다는 아들이 1분쯤 미웠다.

그런데 인생을 바꾸고 싶다는 말이 계속 맴돌았다. 아토피 치료 때 본 아들의 모습이 떠올랐다. 아이를 믿자고, 느긋하게 기다리는 엄마가 되겠다고 한 다짐은 어디로 갔을까? 아토피 치료도 해냈는데, 재수 생활도 성공적으로 하지 않을까? 대책 없이 믿기로 했다. 공부를 체계적으로 해 보지 않은 친구라 독학 재수학원은 현실적으로 맞지 않았다. 어차피 도와줄 거면 제대로 하는 게 나을 것 같아 기숙학원을 제안했다. 공부에 몰입하도록 도와주자고 판단했다. 아들은 반색했다. 비용 때문에 차마 먼저 말하지 못했다고 했다. 1년은 큰아들에게 투자하기로 했다. 인생 바꾸는 대가라 생각했다. 잘 해낼 것이다. 그렇게 믿는 게 맘이 편했다.

2018년 3월 1일, 기숙학원 여러 곳에 차례차례 전화했다. 어떤 곳은 성적이 낮아 받아 주지 않았다. 이미 정원이 차서 대기를 걸으라는 곳도 있었다. 딱 한 자리가 남았다는 곳을 찾았다. 경기도 남양주시에 있는 기숙학원이었다. 계약금 보내고 서류를 준비했다. 이틀 뒤 아들은 경기도로 떠났다. 남편 혼자서 아들을 기숙사에 데려다주었다. 급하게 짐 싸서 나간 아들 방은 평상시 그대로였다. 금방이라도 방 주인이 돌아올 것 같았다.

아들은 가고 싶은 학과를 고려해 문과로 바꿨다. 사회탐구 과목을 새로 시작해서 상반기에는 힘들어했지만, 아들은 기숙사 생활에 잘 적응했다. 내면도 단단해지는 듯했다. 가끔 보내는 쪽지에 동생에게는 염려와 당부를, 부모에게는 감사를 담았다. 성적이 올라가고 있다는 긍정적인 소식과 차가운 계절이 아들의 재수 생활 끝을 알렸다.

그사이 남편은 집에 있는 금붙이들을 팔았다. 재수학원 비용을 책임지느라 남편의 마이너스 통장은 달이 갈수록 더 마이너스가 되었다. 둘째는 학원에 다니는 대신 인터넷 강의를 들었고, 독서실에서 공부했다. 우리는 각자 큰아들과 작은아들을 경제적으로 전담했다.

삶이 힘들 때, 리셋 버튼이 있다면 누르고 싶을 때가 있다. 아들의 입으로 듣는 말은 생경했다. 절박했던 큰아들에게 힘을 실어 주고 싶었다. 벼랑 끝에 떠밀린 상황일 때, 딱 한 번만 도와달라고 누군가에게 부르짖는 순간이 있다. 나 역시 그랬었다. 취직 준비할 때, 돈 떼였을 때. 평생 은혜 잊지 않겠다고, 한 번만 기회를 달라고 울부짖었다. 아들에게 인생 바꿀 기회를 줄 수 있어서, 아들의 뒷배로 버틸 수 있어서 다행이다.

3. 18시간의 공포

'제발, 제발, 전화 받아!'
18시간 동안 아들과 연락이 끊겼다.

2018년 11월 15일 목요일, 아들은 경기도 남양주에서 두 번째 수능을 치렀다. 기숙학원 옆에 있는 학교를 빌려 시험을 치른다고 했다. 수능 날, 우리 부부는 각자 출근했다. 기숙학원은 수능을 치르는 당일에 짐을 뺀다는 사실을 늦게 알았다. 아들은 시험 끝나면 짐을 택배 보내고 서울 친구네서 조금 놀다가 창원에 내려올 거라 했다.

수능 1교시 국어 시험부터 자신감이 떨어진 아들은 연이어 2교시 수학, 3교시 영어까지 흔들렸다. 9월 모의고사부터 국어 성적이 상승 곡선을 탄다고 했었다. 시험이 예상과 다르게 너무 어려웠다. 심리적 압박감을 이겨 내지 못하고 시험을 끝냈다. 2교시부터라도 정신을 다잡았다면 결과는 달랐을까. 시험이 끝나는 시간까지 불안과 자책감에 시달려 너덜너덜해졌을 신경에 기숙사 짐을 싸고 택배로 부치기까지 혼자서 했다.

당일 상황을 제대로 전달받았다면 아들을 데리러 갔을 텐데 너무 안일하게 생각했다. 첫아이라 무슨 일이든 다 처음이었고 재수생을 둔 엄마도 처음이었다. 어른이어도 나는 여전히 실수하고 때로 실패를 반복한다. 뼈아픈 하루가 될 줄 알았다면 경기도까지 달려갔을 테지만, '만약의 상황'을 예측하지 못했다.

재수생들은 심리적 압박이 크다고 한다. 재수 기간과 비용을 생각하면 그럴 만도 하다. 조급한 마음에 시험을 망치는 것이다. 그래서인지 기숙학원에서 함께 수능을 준비한 동기 중에는 삼수생이 많다고 했다. 수능 전날 통화하면서 부담 갖지 말고 시험을 치르라고 했다. 그 말조차 부담을 주는 것 같았지만, 달리 해 줄 말이 없었다. 한편으로는 투자한 금액을 보상받고 싶은 심리도 있었다. '재수해서 성공한 아들'의 엄마로 잠깐이라도 주목받고 자랑하고 싶었다. 아토피 치료한 아들의 의지를 믿었다. 기왕 재수한 거 본인이 원하는 대학에 합격해 인생을 바꾸는 행복한 결말로 끝났으면 했다.

9일 같은 9시간이 지나 수능이 끝났다. 시험 마칠 시간에 전화를 걸었는데, 짐 싸느라 아들은 정신이 없었다. 시험에 대해서는 별로 말하지 않았다. 택배를 집으로 부치고 서울에 있는 친구 원룸으로 간다고 했다. 서울에 도착했을 시간이 지나 전화했다. 받지 않았다. 배터리 방전인가. 다시 걸었다. 역시 받지 않았다. 톡을 남겼다. 읽음을 뜻하는 숫자가 없어지지 않았다. 어느 연락도 오지 않았다.

수능 1교시를 마치고 극단적인 선택을 했던 아이들의 기사가 떠올랐다. 기사로 접했던 일들이 현재화되기 시작했다. 불길한 생각은 건조한 계절에 일어나는 들불처럼 퍼졌다. 연락되지 않는 아들과 뉴스 속 수험생들의 모습이 겹쳤다. 자정이 넘어가자, 손이 덜덜 떨리기 시작했다.

"별일 없을 거야. 머리를 식히느라 폰을 안 보는 거겠지."

남편은 잠자리에 들었지만 나는 그럴 수 없었다. 앉지도, 서 있지도 못했다. 초침의 움직임조차 더뎠다. 서울 친구 이름도 연락처도 몰랐다. 단 한 번도 이런 일이 없었다. 무엇을 해야 할지 몰라 더 암담했다. 불길한 장면만 무한 재생되었다. 날 밝으면 서울에 가야 하나, 경희대 앞이라는 정보만을 가지고 큰아들을 찾을 수 있을까. 아들의 고등학교 친구들에게 연락하면 알 수 있을까? 공포는 점점 구체화되었다. 이성적인 판단은 원천 봉쇄되었고 불안만 생생하게 살아났다. '만약에' 혹은 '그럴지도'라는 부정적 생각들이 나를 잠식했다. 잠든 남편을 이해하면서도 이해할 수 없었다.

날은 천천히 밝았다. 여느 때와 다름없는 시간에 남편은 출근을 준비했다. 퉁퉁 부은 눈에 두통으로 찡그린 나를 보고, 남편은 괜한 걱정을 하지 말라며 안아 주고는 출근했다. 오전 일정을 취소했다. 할 수 있는 것은 계속 아들에게 전화를 거는 것뿐이었다. 여전히 전화를 받지 않았고, 톡 숫자도 없어지지 않았다. 기사를 검색했다. 주방 근처에도 가지 못했다. 물을 넘길 기운조차 없었다. 아들이 시험 잘 쳤는지 물어보려 연락했던 지인은 아들과 연락이 안 된다는 내 울음 섞인 소리에 놀라 집에 찾아왔다. 초인종을 누르는 대신 현관문에 죽을 걸어 뒀다. 마음이 힘들 때 잘 먹어야 한다며 문자를 남겼다.

의식과 무의식 사이를 넘나들고 있을 때, 카톡 음이 들렸다. 남편이었다. 아들에게 엄마가 걱정하니 연락하라고 문자를 남겼단다. 아들은 머리 식히고 내려온다는 답 문자를 했다고 했다. 엄마에게도 문자 하라고 했으니, 곧 연락이 올 거라고 했다. 얼마 후, 아들의 톡이 들어왔다.

"면목 없어서 연락 못 했어요. 생각 정리하고 창원 갈게요."

밤새 밀쳐 두었던 잠이 밀려왔다. 까무룩 기절했다. 살아 있으니 됐다. 살면서 겪었던 공포 중 난도 최강이었다. 어떤 절망도 그 순간의 감정을 능가할 수 없을 것 같다.

아들이 창원에 내려올 때까지 더 마음을 졸였다. 수능 성적 결과에 상관없이, 논술 전형을 준비했다. 끝날 때까지는 끝난 게 아니니 좀 더 해 보자고, 끝까지 가 보자고 했다. 나도 어질어질했다. 중심 잡고 일상을 이어 나가는 일이 쉽지 않았다. 당사자는 더한 기분으로 하루하루를 버틸 테니, 앓는 소리를 낼 수도 없었다.

　사람은 누구나 약점이 있다. 부모에게 가장 큰 약점은 자식일 것이다. 유전자를 나눠 주고, 살과 피를 공유한 부모가 된 순간, 자녀가 독립할 때까지 시간과 공간도 공유한다. 물질과 관심을 쏟아붓는 만큼 온 신경이 나침반처럼 한 방향으로 향한다. 매 순간 자녀를 향해 좌표를 설정한다. 자식은 부모의 애정이자 약점이 된다. 아들이 잘못된 선택을 할지도 모른다는 생각만으로도 사고가 정지했다. 지금도 젊은 목숨이 생을 끝냈다는 이야기를 들을 때마다 아들들 생각이 는다. 젊은 날의 불안과 방황은 더 깊은 뿌리를 내리기 위한 밑 작업이다. 당사자들은 물론 주변인들조차 깊이와 폭을 얼마나 뻗어야, 삶을 견딜 수 있는지 알지 못한다.
　부모라는 이유로, 뿌리내리기를 기다리지 못하고 잡아당기거나 당사자보다 더 옆에서 안달할 때도 있다. 기우뚱할 때를 대비해 양옆에서 지지해 주는 것만으로 충분하다. 아이의 생명력을 믿고 기다려야 한다. 옆으로 자라는 아이도 있고, 위로 쭉 뻗는 아이도 있다. 숲이 다양해서 아름답듯이 아이는 그 모습 그대로 아름답다. 아이가 살아갈 세상은 부모가 이뤄 온 세대와 다를 것이다. 부모도 가 보지 않은 길을 가야 한다. 낡은 가치관으로 아이를 끌고 가지 않는 것. 이것이 부모의 최선이지 않을까.

　　육아 퇴직 후 진짜 나를 만나게 되었다

수능 성적이 나왔다. 영어 점수가 2점 모자라 3등급이다. 서울 소재 대학에 지원한 논술 전형 기본 조건은 영어 2등급이었다. 두 곳은 자동 탈락이었다. 최저 없는 인하대 논술만 남았다. 최저가 없다는 것은 경쟁이 치열하다는 것이다. 어쩐지 결과를 알 것 같았다. 논술 시험을 치렀지만, 크리스마스 선물은 없었다. 수능 성적에 맞추어 원서를 넣어야 하는데 아들은 서울 소재 대학이 아니라면 어느 대학에 가도 상관없다고 했다. 대학과 학과를 정하고 원서를 넣었다. 아들은 게임에 의지해 살았다. 살아 있으니 됐다. 게임이라도 하고 있으니 다행이었다. 집 가까운 대학의 경제학과로 결정했다. 아들 적성에도 잘 맞을 것 같았다. 신입생 오리엔테이션 다녀와 3월에 입학했고 아르바이트도 했다. 아들은 평온해 보였다. 좋은 사람들을 만나고 공부하면서 잘 적응했다. 그렇게 보였다. 성적 장학금을 받고, 1학기를 마쳤다. 적어도 나는 아들이 무사히 한 학기를 마쳤다고 느꼈다.

4. 해병, 1251

"면접 갑니다."

무더위 기세가 꺾이지 않아 고생하던 8월, 가족 단톡방에 큰아들이 글을 올렸다. 해병대 1차 서류 합격해서 면섭에 간다는 것이다. 원서를 넣은 줄도 몰랐다. 국방의 의무는 당연히 할 일이라 생각했지만, 1학년 1학기가 끝나기도 전에 지원했을 줄이야. 군대 문제를 빨리 해결하고 싶은가 보다 생각했다. 10월 21일 입대가 결정되었고 2학기 등록을 한 상태로 휴학했다.

아들은 주변을 정리했다. 입대 직전 아들은 속내를 꺼냈다. 대학을 계속 다녀야 할지 말지 군대 가서 생각해 보겠다고 했다. 학교에 다니면서 미래를 생각해 보려 했지만 잘되지 않았다고 했다. 게임 끊기가 힘들었고, 게임을 하면서 인생에 대해 생각하는 건 더 힘들었다고. 중요한 시기인 것은 알겠는데, 무엇을 어떻게 해야 할지 몰라 군대 가서 새로운 인생을 계획하고 싶었다고 덤덤하게 말했다. 가만히 아들의 눈빛을 바라봤다. 말투는 담백한데 눈빛은 촉촉해 보였다.

일곱 살에 입학했기 때문에, 재수했어도 여전히 큰아들은 스무 살이다. '공부하지 않는' 사춘기를 보냈고, 치열하게 재수했다. 남편은 아들이 삼수를 결정하면, 지원해 주려 했다. 서로 먼저 말하지는 않았다. 전적으로 본인의 의지가 필요한 일이기 때문에, 남편은 기다렸다. 아들은 아토피 치료에 재수 비용까지, 연이어 경제적 부담을 안겨 준 것을 알고 있었다. 차마 아빠에게 삼수를 말하지 못했다. 한 번 더 수능을 볼 것이냐 말 것이냐. 내적 갈등은 군대에 가는 것으로 보류되었다. 아들에게도 부모에게도 18개월의 유예기간이 생겼다. 군대에서 내릴 어떤 결정이든 받아들일 수 있는 시간이 생겼다.

2019년 10월 21일, 해병 1251기로 큰아들은 포항 훈련소에 입대했다. 제2사단 앞에 길게 늘어선 차량의 꼬리를 따라 훈련소 정문을 통과했다. 절도 있는 군인들의 안내에 따라 주차하고 연병장으로 향했다. 10월 햇빛치고는 따가웠다. 전날 반 삭발한 아들은 모자를 쓰고 있었다. 남편과 나는 중앙 무대가 보이는 스탠드 한쪽에 자리 잡았다. 운동장에 여러 소음이 섞여 울렸다. 한쪽에서 군악대가 준비하고 있었고, 다른 쪽에서는 연신 부모와 훈련생들이 드나들고 있었다. 꾸준히 울리는 전화, 아들은 우리 곁에 있지 못했다. 기숙학원에 보낼 때와는 달랐다. 자꾸 곁을 비우는 아들이 서운했다.

헤어질 시간이 바투 다가왔다. 안내장에 적힌 대로, 행사가 매끄럽게 흘러갔다. 사회자는 유쾌하게 분위기를 이끌었다. 사회자 농담에 잠깐 웃다가, 정신 차리고 웃음을 멈추는 것을 반복했다. 시끄러운 분위기가 현장감을 주고 현실감은 떨어뜨렸다. 마침내 시간이 되었다. 훈련생은 운동장으로 나오라는 방송이 나왔다. 아들과 포옹하고 몇 마디 말을 건넸다. 아들은 해병대에 입대하고 싶다는 절박함이 있었다. 해병대 면접 전부터, 인터넷으로 면접 요령과 훈련소에서 버티기 등을 조사했다. 아들은 무슨 일이 있어도 일주일 고비를 잘 넘기겠다고, 잘 지낼 테니 걱정하지 마시라고 하더니 돌아섰다. 늦지도 빠르지도 않은 속도로 운동장 한가운데로 걸어가는 아들의 뒷모습에서 눈을 뗄 수 없었다. 그 능이 어쩐지 슬퍼 보였다. 아들이 안쓰럽기는 했지만, 갑자기 뒤돌아서 입대 못 하겠다고 하면 어쩌나 하는 양가적 감정이 들었다.

그날 입소하는 훈련생은 대략 천 명 정도였다. 반 삭발 무리가 양떼구름 같은 모양새로 서서히 움직였다. 나는 아들을 놓치지 않았다. 자꾸만 차오르는 눈물을 재빨리 털고 뒷모습을 계속 좇았다. 마이크를 든 교관이 외쳤다.

"뒤로 돌아! 부모님께 큰절!"

천여 명이 동시에 운동장 바닥에 무릎을 대고 절을 했다. 눈물 사이로,

나는 카메라 배율을 최대치로 했다. 버튼을 연신 눌렀다.

해병대 훈련 기간은 7주다. 모든 연락이 차단된 그곳에서 적응해야 한다. 남편은 돌아오는 내내, 울었던 나를 놀렸다. 매일 인터넷에 접속했다. 육군은 얼마든지 편지를 써도 좋다는데, 해병은 1일 2명만 편지를 쓸 수 있다. 훈련소에서 군인들을 위한 최고의 선물은 편지일 것이다. 아들을 군에 보낸 선배 엄마들이 누누이 강조했다. 편지는 자주, 많이 써 주라고. 밤마다 2통이 채워졌는지 확인했다. 2통이 표시되어 있지 않으면 얼른 편지를 썼다. 아들 메일에도 편지를 보냈다. 엄마는 아들을 항상 생각하고 있다는 것을 알려 주고 싶었다. 훈련 기간에는 메일 확인이 불가하겠지만, 아들이 7주 후에라도 본다면, 깜짝 이벤트가 되지 않을까? 또 다른 이벤트도 만들었다. 인터넷 은행에 '매일 적금' 상품이 있다. 아들 제대까지 대략 540일 동안 매일 2천 원씩 넣기로 했다. 매일 아침 9시에 출금 알람이 들리면 큰아들 생각을 잠깐이라도 할 수 있었다.

훈련 기간 동안 꾹꾹 눌러쓴 손 편지와 입대한 날 입은 옷과 소지품이 든 소포가 도착했다. 상자에는 해병대 마크가 새겨져 있었다. 물건이 도착했다는 것은 아들이 적응을 잘하고 있다는 신호였다. 안심했다. 깨알같은 글씨로 꽉 채워져 있었다. 입대 직전에 몸무게가 많이 불었는데, 살이 빠지고 있다고 적혀 있었다. 체력도 많이 좋아져서 달리기 점수가 올라갔다며 자랑했다. 그 뒤로도 몇 통의 편지를 더 받았다. 빨간색 이병 표시와 이름표를 직접 바느질해서 군복에 달고 있는 아들의 모습이 고스란히 적혀 있었다. 기도 제목도 보냈다. 곧 자대 배치가 있는데 백령도나 연평도 같은 섬만 아니면 된다고 했다. 집 가까운 포항이면 좋겠다며 기도해 달라고 했다. 기도해 줄 수 있는 엄마라 다행이었다. 훈련소 수료식이 다가왔다. 초미의 관심사는 자대 배치였다.

인생의 고비를 넘는 속도는 사람마다 다를 것이다. 입대한 날, 아들의 속도는 얼마였을까. 엄마가 대신해 줄 수 없는, 스스로 해내야 하는 수많은 일 중 하나를 해결하기 위해 아들은 자신이 선택한 길을 갔다. 남들보다 조금 더 힘든 길을 택한 만큼 경험치가 쌓일 거라 믿기로 했다. 그래도 덜 힘들기를, 자신만의 속도로 원하는 방향을 향해 나아가기를 기도하는 사이 훈련소 생활이 끝났다.

5. 군수생과 돌덩이 밥버거

꽝!

2019년 12월 24일, 큰아들은 백령도에 자대 배치 받았다. 연평도보다 먼 백령도라니. 엄마의 기도발은 '다음 기회에'도 없는 꽝이었다. 큰아들은 한동안 말을 못 했다. 백령도에서 집까지 걸리는 시간을 계산해 보았다. 백령도에서 오전 7시 배를 타고 나오면 인천항에 11시 30분, 대중교통으로 광명역으로 이동하는 시간이 대략 50분 전후. 기차는 3시간 30분이 걸린다. 다시 집으로 이동하는 시간이 20분. 아침 일찍, 어쩌면 전날부터 집에 오기 위해 출발한 아들이 창원에 도착하는 시간은 오후 5시 전후. 거의 하루가 소요된다.

아이와 집 사이 거리에 놀란 뒤, 2차로 백령도는 북쪽과 무척 가까운 섬이라는 사실에 놀랐다. 기도 제목이 점점 추가되었다. 짧은 휴가를 마치고 백령도로 가는 아들을 기차역까지 배웅했다. 인천항에 집결해 다음

날 아침에 배 타고 부대에 들어간다고 했다. 군대 일과가 끝나면 스마트폰을 쓸 수 있다니. 다행이다. 나는 군부대 보안 걱정을 했던 국민 중 한 사람이었다. 아들이 군인이 되자마자 슬그머니 찬성 쪽으로 돌아서는 진한 모성을 보이는 대한민국 해병 엄마였다. 덕분에 녀석이 고립감을 느끼지 않을 것이다. 그래도 군대라는 특수성이 있으니, 친절한 선임을 만나서 군인만 아는 특별한 즐거움을 누렸으면 좋겠다. 혹시나 불편하더라도 잘 참았으면 좋겠다. 소원 행렬이 기차 꼬리만큼 이어졌다.

원래는 빨리 면회를 가려고 했다. 이병 때는 외출만 해도 숨통이 트인다는데, 하루라도 편히 숨 쉬게 해 주고 싶었다. 백령도는 섬이라 다른 지역과 달리 외박이 된다. 뱃멀미가 심해 걱정이 되었지만, 백령도에 들어갈 흔치 않은 기회였다. 백령도는 관광지로도 좋다는데, 날 풀리면 면회 갈 테니 조금만 참고 기다리라고 했다. 4월에 2박 3일 정도 시간을 빼고, 면회를 준비했다. 그런데 코로나 상황이 심각해졌다. 군인들 휴가, 면회와 외출이 전면 금지되었다. 백령도에 입도해도 면회가 안 된다고 했다. 아쉬워하는 아들에게 코로나가 잠잠해지면 가겠다고 했다. 8월 휴가 때 가려 했는데, 8월 초에 창원에서 코로나가 대규모로 퍼지는 사건이 발생했다. 전국 뉴스에 창원이 계속 거론되었다. 도시가 폭염과 코로나로 마비되었다.

이런 상황에, 8월 중순쯤 갑자기 아들이 휴가를 나왔다. 다리가 아파서 치료받으러 왔다고 했다. 정형외과에 다녀와서 군대에 복귀했다. 9월에 아들이 창원에 또 왔다. 다른 군인들은 휴가를 못 나오던데, 큰아들이 자주 나오는 게 이상했다. 혹시 관심 사병인가. "아들, 부대에서 무슨 일이 있어?" 아들은 별일 없다며 웃었다. 11월 중순 코로나의 기세는 여전히 꺾이지 않고 있었다. 아들이 정식 휴가를 받아 나왔다.

"엄마, 50만 원만 빌려주세요. 나쁜 일 아니에요. 말년 휴가 나가면 말씀드릴게요."

2021년 2월 초에 아들에게서 전화가 왔다. 50만 원을 잠시 빌려주면 곧 갚겠다고 했다. 자세한 내용은 2월 말에 다 얘기하겠다고 하기에 알았다고 했다. 며칠 뒤 아들이 50만 원을 입금했다. 곧 제대하면 알게 되겠지.

2월 말에 가족이 오랜만에 다 모였다. 큰아이의 표정이 무척 밝았다. 말년 병장의 군 생활이 짐작되었다. 식사하며 이런저런 이야기를 나눴다. 화제가 끊길 즈음, 남편이 큰아들에게 이제 엄마께 말씀드리라고 했다. 세 남자의 비밀스러운 시선이 오갔다. 뭐지. 숨길 수 없는 웃음이 세 남자의 얼굴에서 퍼지고 있었다. 금방이라도 터질 것 같다. 그 표정이 우스워 나도 웃으며 물었다.

"뭔데? 내게 숨기고 있는 게 뭐야?"

"엄마, 저 또 수능 봤어요."

아들이 삼수했다. 피 말리는 시험을 또 치렀다. 11월에 휴가 나왔을 때

아들은 혼자 수능장에 갔다. 내게 50만 원을 빌렸던 것은 등록금이 필요해서였는데, 한참 모자라 결국 출장 중인 아빠의 도움을 받았다. 마지막 휴가 선물로 남편과 나에게 '서프라이즈!' 하려고 했는데 등록금 문제로 아빠가 먼저 알게 되었다. 2주 동안 비밀 유지를 부탁했고, 이제 막 내게 깜짝 폭탄을 터트렸다. 아들이 입대할 당시 군인 월급은 40만 원이었다. 20만 원은 군인 적금을 넣고 나머지는 용돈으로 사용했다. 3월에 삼수하기로 결심한 아들은 인터넷 강의를 신청해 공부했다. 친척들이 주는 용돈과 가끔 내게 요청한 용돈으로 빠듯한 생활을 했단다. 목표한 대학은 아니지만 서울 소재 대학이니 다녀 보고 싶다고 했다.

그런 줄도 모르고, 용돈이 왜 부족할까 생각했고.
그런 줄도 모르고, 코로나 시국에 왜 휴가를 자주 나올까 생각했다.
그런 줄도 모르고.

2021년 11월 18일 수능일, 아들이 없길래 아침부터 친구들과 만나는 줄 알았다. 운동을 다녀온 나는 집에서 쉬다가 출근했다. 그날 나는 내 일상을 살았다. 군에서 어떻게 수능 준비했는지 도시락은 어떻게 했는지 이것저것 물었다. 아들은 전날 사 둔 밥버거 두 개를 가지고 갔다고 했다. 밥이 돌덩이 같았다고 말하며 웃는 아들의 얼굴을 바라봤다. 선임들의 견제를 견디며 인강을 듣고, 매일 잠과 씨름하며 문제를 풀고, 돌덩이 밥을 먹으며 오후 시험을 치렀을 아들의 얼굴을. 뜨끈한 눈물이 맺히는가 싶다가 밀려 떨어졌다.

같은 시기 수능을 치겠다고 했던 같은 부대의 군인들이 달이 지날수록 도서관에서 썰물처럼 빠져나갔단다. 포기하고 싶었지만, 서울에서 대학 다니다 입대한 후임을 붙들고 끝까지 버텼다고 했다. 8월에 원서 접수, 9월에 모의고사를 치르기 위해 창원에 왔던 것이었다. 아들이 있던 부대에서 수능 일에 맞춰 섬을 나온 이는 자기가 유일했다고. 결과가 어떻게 될지 몰라서 가족에게도 친한 친구에게도 말하지 못했다고 했다.

막내는 12월 초에 수능 성적을 확인해 달라는 형의 연락을 받아서 알고 있었다. 남편이 알게 된 것은 등록금 마감 날, 내가 알게 된 것은 마지막 휴가 기간이다. 녀석은 시간차를 두고 가족들에게 서프라이즈 선물을 안겼다. 입이 무거운 세 남자 덕에, 마지막 폭로한 날에는 나만 울고 웃었다.

'군수생', 군대에서 재수하는 군인을 뜻하는 말이라고 한다. '군대에서 재수하기'의 줄임말이라 보면 된다. 공부를 시작하는 군인들은 많아도 지속하기는 쉽지 않다고 했다. 그 어려운 일을 아들이 해냈다. 일류 대학이 아니면 어떠랴? 본인 꿈을 이루기 위해 시도했고 '인 서울'이라는 소정의 목적을 이루었으니 그걸로 충분했다. 만약 처음부터 알았다면 어땠을까. 나는 겉으로는 평정심을 유지했겠지만 초조했을 것이다.

큰아들에게서 포기를 지연하는 법을 배웠다. 힘든 일은 언제라도 손

털고 일어날 수 있다. 아들의 얼굴을 떠올리며 포기를 연장해 보기로 했다. 어른이니까 엄마니까 좀 더 참아 내는 연습 중이다. 엄마는 아들에게도 배우고 실행할 수 있는 어른이라고 보여 주고 싶었다.

6. 행복으로 발걸음을 옮기는 방법

"진로를 바꿔도 될까요?"

막내가 고3 개학 첫날, 학교를 다녀와 내게 건넨 말이다. 10시 넘어서 퇴근한 날이었다. 거실을 닦다가 작은아이의 방문이 열려 있어서 밀대로 밀며 들어갔다. 정리 정돈을 잘하는 친구라, 딱히 작은 아이 방을 청소해 주지 않는다. 청소하는 김에 바닥을 쓱 닦아 주는데 아이가 물었다. 진로를 바꿔도 되냐고. 작은아이는 초등학생 때부터 자기 일을 스스로 했다. 여섯 살 손 빠는 습관을 고친 이후로 엄마 손이 거의 가지 않는 아이였다. 영어 학원 가야겠다고 해서 보내고, 방과 후 수학을 배우다가 학원에 가고 싶다고 해서 보냈다.

그 외에는 내내 운동장에서 살았다. 초등 3학년 때 둘째가 땀을 흘리며 들어왔다. 아이의 얼굴에 시꺼먼 자국이 보였다. 땡볕에 축구하다 더러운 손으로 얼굴을 문지른 자국이었다. 손가락 개수가 선연히 찍힌 검은 땀 자국을 보고, 농구를 권유했다. 축구보다는 덜 더울 것 같았다. '남자는 농구'라는 엄마의 사심 섞인 권유였다. 처음에는 축구만 하겠다던 아이는, 한번 다녀보겠다고 했다. 그러더니 농구에 푹 빠졌다. 학교 방과 후 농구 수업과 주말 농구 클럽 붙박이었다.

함께 농구하는 작은아들 친구가 한날 내게 말했다.

"선생님, 재겸이 코치님한테 욕 들은 거 아세요?"

"아니? 왜 욕을 들어?"

엄마에게도 싫은 소리 별로 들을 일 없는 애가 왜 농구 코치에게 욕을 들었나 싶었다.

"슛 넣을 때 자세가 자꾸 비뚤어져서요."

그런다고 애한테 욕을 한다고? 화가 났지만, 아이가 아무런 불만을 표시하지 않으니 나설 수가 없었다. 내색하지 않고 기다렸다. 아이가 원하면, 항의할 요량이었다. 기다렸지만, 아무 불만도 얘기하지 않았다. 대신 아들은 아침 일찍 일어나 학교에 갔다. 농구 방과 후 수업이 아침 8시였는데, 7시 30분에 나서는 거였다.

"아침도 안 먹고 왜 일찍 가?"

"농구 골이 잘 들어가서요. 일찍 가서 연습하려고요."

문제에 대처하는 방법은 개인마다 다르다. 회피하는 사람도 있고, 부딪쳐 해결하는 이도 있다. 작은아들은 정면 돌파를 선택했다. 안되니까 더 열심히 했다. 자신에게 도움이 되는 방향으로 활용했다. 농구를 좋아해서 잘하고 싶었을 수도 있다. 아이는 연습을 통해 몸에 새기는 방법을 택했다. 아이의 생존 방식이었다.

초등학교 6학년, 중학교를 정해야 할 무렵, 농구부가 있는 학교로부터 전화를 받았다. 농구시킬 생각 있으면 그 학교로 진학시키라는 것이었다. 작은아들에게 물었다. 아이는 농구를 취미로 할 거라고 했다. 중고등학교 때 학교 농구부로 활약하고 주말 농구 클럽에 빠지지 않았다. 길거리 농구대회도 거의 매년 나갔다. 아이는 자신의 경기에 우리를 거의 초대하지 않았다. 내가 주말에도 수업하기도 했고, 아이의 성향이 부모에게 부담 주는 것을 싫어하기도 했기 때문이다.

중1 기말고사를 치르고 과학고를 준비하고 싶다고 했다. 또래보다 늦은 시기였다. 고등학교 수학과 과학 선행이 이미 되어 있어야 했다. 그래도 말리지 않았다. 성공할 기회와 실패할 기회, 모두 열어 두었다. 학교 성적을 상위권으로 유지하면서 과학과 수학의 고등 과정을 따라잡으려고 거의 2년을 고생했다. 아들은 면접에서 떨어졌지만, 미련은 없어 보였다. 왜 그런지 묻지 않았다. 일반고에 진학했다. 물리를 특히 좋아해 아이들을 모아 물리반을 개설할 정도였다. 고등학교 입학부터 공과대학 입학이 목표였다. 물리 경시대회에서 상장도 받고 대학이 어느 정도 결정되어 있었다.

그런데 갑자기 그것도 고3 개학 첫날, 걸레질하는 엄마 뒤통수에 자신의 진심을 흘렸다. 어느 쪽으로 진로를 바꾸고 싶은지 물었다. 체육 교육과에 가고 싶다고 했다. 예상 밖 일이어서 바로 대답하지 못했다. 말없이 거실로 나와, 걸레질을 마저 끝냈다. 5분 정도 지나 아이 방으로 들어갔다.

"그래, 하고 싶은 거 해. 대학 가서도 진로 바꾸는데 고3이면 양호하지. 그렇게 하자."

그 순간 나는 작은아이가 눈물 흘리는 것을 보았다. 내가 더 당황했다. 아기 때 빼고 우는 것을 처음 봤다. 종아리를 맞을 때도, 내 앞에서 울지 않던 아이였다. 진로 바꾼다는 말보다 아이의 우는 모습이 내게 더 충격이었다.

"너 왜 울어?"

"엄마가 반대하실 줄 알았어요."

"왜?"

"투자하신 게 많아서요."

중학교 때 과학고 준비한다고 수학, 과학 학원비와 과외비가 좀 많이 들긴 했다. 아이는 그것을 빚으로 인식하고 있었나. 대체 엄마를 어떻게 보고.

"엄마는 네가 행복했으면 좋겠어. 앞으로 어떻게 할지 알아봐."

작은아이는 고등학교 입학하면서부터 체육 관련 쪽으로 진학하고 싶었는데, 말하지 못했다고 했다. 아이와 잘 통한다고 생각했다. 그래서 스스럼없이 말할 줄 알았는데 아니었다. 형에게 드는 비용이 많아 자기라도 신경 쓰이지 않게 하려고 나름 애를 쓴 것이다.

다음 날 내 수업에 들어온 아이가 내게 물었다.
"선생님, 재겸이 오빠가 인스타그램에 올린 글 보셨어요?"
"아니?"
아들과 인스타 친구가 아니라서 몰랐다. 글을 찾아 보여 주었다. 진로로 고민하는 친구들에게 하루라도 빨리 하고 싶은 것을 부모님께 털어놓으라고 권하는 내용이었다.

그다음 주부터 아이는 체대 입시 준비에 들어갔다. 기초 체력을 훈련하고 학교에서 요구하는 종목들을 연습했다. 멀리뛰기가 가장 힘들다고 했다. 어떤 날은 다리를 절뚝이며 들어왔다. 6월이 지날 즈음, 질질 발을 끌며 들어온 아들에게 물었다.
"아들, 행복해?"
"네, 행복합니다!"
"그럼 됐다."
녀석은 다리를 질질 끌면서도 행복하다며 환하게 웃는다. 농구하다 앞니 부러뜨리고, 체대 실기 준비하면서 절뚝거렸다. 안 다치면 좋겠다고 말하려다가 그만두었다. 좋아하는 일을 하는데, 다친 게 대수겠나 싶었다. 오히려 녀석을 움직이게 만드는 열정이 부러웠다. 30년 전에 나는 취직 잘되는 학과에 진학했지만, 지금은 전혀 다른 일을 하고 있다. 주위의 기대를 저버린다고 생각해서 예정대로 졸업하고 취업했다. 아이는 나와 다른 선택을 했다. 아이가 행복으로 발을 옮길 수 있게 도울 수 있는 것으로 나도 행복했다.

7. 두 번째 해병, 127기

입시생들은 고등학교 3년 내내 애썼다. '대학만 가면'을 주문처럼 외우며 앞만 보고 달렸다. 목적을 달성했으니 온전히 기쁨을 만끽해야 하는데, 팬데믹에 가로막혔다.

막내는 20학번, 코로나 학번이다. 졸업식에 이어 입학식도 온라인으로 치렀다. 경남도에서 운영하는 기숙사에 들어가기로 했는데, 짐을 싸지도 풀지도 못했다. 한 달 또 한 달. 온라인 수업은 연장되고 대면 수업은 요원했다. 중간고사를 치르고 리포트를 냈다. 모든 대학 생활이 온라인에서 이루어졌다. 사이버 대학과 다를 바 없었다. 대학 1학년 1학기, 가장 재미있을 시기에 막내는 집에 있었다. 그나마 타 대학에 진학한 친구들도 창원에 있어서 덜 심심해했다. 서울의 코로나 인구는 연일 가파른 상승 곡선을 그렸다. 뉴스를 볼 때마다 목덜미가 선득했다. 창원은 서울보다는 사정이 나았다. 마스크를 착용하고 밖에 다닐 수 있었으니까.

1학기가 온라인으로 마무리되자, 아이는 군대에 먼저 다녀오는 게 좋겠다고 결정하고 해병대에 지원했다. 다들 비슷한 생각인지, 입대하려는 지원자들이 많았다. 원래라면 면접을 보고 입대가 결정되었을 텐데, 시국을 반영해 서류 전형으로 입대가 결정되었다. 큰아들은 해병대 지원 후 서류 전형과 면접까지 일사천리였다. 신체 조건만 봐서는 작은아들도 바로될 걸로 생각했다. 처음에 떨어졌다고 했을 때는 경쟁자가 많은가 보다 했다. 대수롭지 않게 생각했는데, 서류 전형에서 연거푸 떨어졌다. 3번째 불합격 통보를 받고 물었더니, 그제야 생활기록부에 '지각'이 있단다.

고등학교 때 아이를 제때 등교시켰는데 엄마가 모르는 지각이 있다고? 수능 다음 날 교문을 5분 늦게 통과한 것이 문제였다. 수능 전에 담임 선생님이 지각 처리한다고 엄포를 놨다는데, 설마 그렇게까지 하겠냐며 아이들은 대수롭지 않게 여긴 것이다. 출석을 독려하는 것은 당연하지만, 수능 다음 날 지각 처리라니. 심지어 아이가 졸업하고 1년이 지난 시간 동안 나는 그 사실을 알지 못했다.

고등학교 생활기록부에 기재된 출결 사항은 아이가 군대 생활에 적합할지 판단하는 기준이다. 스스로 잘못이라고 받아들인 것과 별개로 출석점수가 모자라 1차 서류 전형에서 번번이 떨어졌다. 다른 지원생들보다 마이너스 출발선에 있던 아이는 부족한 점수를 메우려고 분투했다. 1점짜리 헌혈을 두 번 하고, 4점을 얻기 위해 40만 원을 들여 안전요원 자격증을 취득했다. 6전 7기 끝에 합격 통지를 받고야 말았다.

2021년 6월 29일, 막내는 해병 1271기로 입대했다. 큰아들이 5월 8일에 정식 제대한 직후였다. 큰아들은 포항 훈련소에 함께 가서 이별할 시간이 있었다. 작은아들은 동반 입대하는 친구들과 가겠다고 했다. 몸은 편했지만, 마음은 그렇지 않았다. 입대를 눈으로 보지 않아서 그런지 현실감이 없었다. 얼마 후 큰아들이 훈련소에 있을 때 받았던 것과 동일한 문양이 그려진 해병대 상자를 받았다. 옷가지와 동봉한 편지에 아들은 수색대에 지원했다고 했다.

'해병대 수색대'를 검색하면 "대한민국 해병대의 해병수색대는 직속 상급 부대의 상륙작전 시 선봉에서 다양한 특수작전을 수행하는 특수임무 부대이다. (중략) 수색대는 해병대의 1%라고 불릴 정도로 해병 중의 해병으로 꼽힌다. UDT와 더불어 병이 지옥주를 경험할 수 있는 유일한 부대이다."라는 정보를 볼 수 있다.

'그냥 해병' 말고 '수색대 해병'으로 무사히 전역하는 게 막내의 목표였다. 훈련 기간에 수시로 테스트하고 결과에 따라 탈락할 수도 있다. 아들은 기도해 달라고 했다. 간간이 보내 온 편지로 훈련 강도를 짐작할 수 있었다. 7주 훈련을 마치고 휴가 나온 아들의 눈빛은 파닥거렸고 적당히 그을린 온몸에는 군기가 터질 듯 쟁여져 있었다. 아들의 '~다나까' 말투에 적응하자마자, 김포로 떠나야 할 시간이 다가왔다. 막내의 독립심은 업그레이드되어 있었다. 현관에서 인사하고 헤어졌다. 아들은 리무진 버스를 타기 위해, 나는 수업하기 위해 각자 할 일을 하러 갔다.

수색대에는 훈련과 교육이 끝도 없이 이어진다. 훈련받다 제대할 것 같다고 농담할 정도다. 가장 힘든 훈련은 '지옥주'인데, 전시 상황을 가정하고 극한의 상황에서 견디는 교육이다. 아예 연락이 안 되는 것은 물론이고 자진 탈락자도 속출한다고 한다. 잠을 재우지 않고, 식사량을 줄이고, 추위에 물을 계속 뿌리고 바다에 입수시키는 것 등. 수색대 해병이 견뎌 내야 할 필수 코스다. 소대장에게서 가끔 문자와 사진이 도착하면 생존을 확인할 수 있었다. 지옥주를 버텨 낸 아들에게 면회 가고 싶었지만, 여전히 코로나 상황이라 갈 수 없었다. 큰아들 백령도에 이어, 막내가 있는 김포에도 갈 수가 없었다.

아들의 얼굴을 본 것은 자대 배치 후 340일 만이었다. 거의 1년 만에 아들을 봤다. 아들은 한동안 엄마 얼굴을 떠올릴 수 없었다고 한다. 엄마가 보고 싶은데, 얼굴이 도무지 떠오르지 않던 차에 가족 단톡방에 내 사진이 올라와서 한참 들여다봤단다. 미뤄 둔 휴가를 한꺼번에 받았다. 작은아들의 턱선이 날카로웠다. 풋내기 청년이 상남자가 되어 제대했다. 군대 면회를 한 번도 가지 못했다. 군 PX에 싸고 좋은 게 많다던데 기회가 또 올까.

아들들이 자신의 한계를 뛰어넘기 위해 선택한 방식은 입대였다. 국방의 의무를 수행하면서 자신의 한계에 도전할 수 있는 공식적인 루트를 선택했다. 스무 살, 도전하는 일만큼은 무모해도 되는 나이이다. 큰아이는 인생을 재설계할 목적으로, 작은아이는 하고 싶은 일이 많아서 군대 문제를 먼저 해결했다. 두 녀석이 차례차례 다음 삶을 준비한다. 완전한 육아 퇴직에 성큼 다가섰다.

8. 첫째, 꿈을 이루다

큰아들은 군 복무를 하면서 수능을 치렀고 대학을 바꾸고 제대했다. 제대일이 2021년 5월 8일이었다. 1학기는 휴학할 수 없다. 온라인 수업이어도 복무가 끝나지 않아 수업에 참여할 수 없어 1학기는 제적으로 치리되었다. 시작부터 등록금으로 대학교 발전에 도움을 주었다. 아들은 제대하고 바로 복학할 것인지 고민했다. 군대에 있는 동안 에너지를 모두 소진했는지 한동안 먹고 놀기를 반복했다. 군대에서 모은 수백만 원은 먹거리와 쇼핑으로 사라졌다. 복학 전에 돈을 좀 모아야겠다고 하길래 아르바이트 자리를 찾겠거니 했다.

입대 전에는 치킨집 주방에서 아르바이트했다. 자느라 출근하지 못해서 삼진 아웃 될 뻔한 위기는 있었지만, 거의 8개월을 근무했다. 초복과 이벤트 날, 축구 경기가 있는 날은 집에 오자마자 쓰러졌다. 복날 전후 삼계탕집이 끼니때 손님이 많다면, 치킨집은 초저녁부터 새벽까지 주문이 미어터졌다. 아들 덕에 가끔 두 마리 치킨을 먹는 호사도 누렸다. 입대할 때, 치킨집 사장이 제대하고 아르바이트하러 오라고 했던 게 기억이 났다. 거기 가려나 생각했다.

"엄마, 다음 주부터 출근해요."

"응, 어디?"

"○○ 회사요."

아르바이트 자리가 아니라 견실한 대기업 하청회사의 계약직 직원으로 입사했다. 보통 3교대 하는데, 자신은 물류 창고 쪽 배치를 받아 주간에 근무한다고 했다. 월급은 3교대 하는 사람들보다 작지만, 규칙적인 생활을 할 수 있다고 만족해했다. 파격적 행보였다. 보험도 되고 공휴일은 다 쉰다. 수당도 제법 되었다. 복학 대신 정직원을 노리는 게 좋겠다고 생각할 정도였다. 세 끼 모두 회사에서 해결해서 내가 끼니 챙길 일이 없었다. 1년 정도 근무할 생각이라더니 5개월 정도 근무했다. 사내에 자리 싸움이 좀 있어서, 복학을 당기는 게 좋겠다고 판단한 것이다.

아토피 치료, 군에서의 삼수, 해병 복무 등 일련의 과정들이 없었다면 나는 어른이자 엄마로, 경험자로 어설픈 잣대를 들이댔을지도 모른다. '엄마가 살아 보니…….'라는 말을 거의 하지 않은 것은 아들에 대한 믿음이 있었기에 가능했다. 내 경험은 이미 낡은 것이었다. 경험의 누적치가 세상 변화의 속도를 따라가지 못하는 일이 많아지고 있다. 현재가 바로 과거가 되어 버리는 세상이다. 여전히 흔들리며 피기 위해 노력 중인 내가, 아들의 꽃봉오리를 뭔가로 규정하는 실수를 하고 싶지 않았다.

2022년 2월, 아들은 서울에 올라갔다. 갑자기 복학을 결정해서, 괜찮은 방이 남아 있을지 몰라 직접 발품을 팔러 갔다. 당연히 학교 앞에 구할 줄 알았는데 아니었다. 학교 앞에는 상권이 별로여서, 역세권 쪽에 방을 알아보는 듯했다. 부동산 실장과 이틀 동안 8개의 방을 봐도 어느 것도 맘에 들지 않아 돌아가는 중에 집주인의 연락이 왔다. 방금 나온 방이 있는데, 보겠느냐고. 같은 건물 5층 방을 보고 나온 터라 망설이다 갔는데, 1층에 나온 방이 딱 마음에 들었단다. 방에 햇빛이 잘 들어와, 빨래가 잘 마르겠다고 판단했고, 화장실에 들어가 변기의 물을 내리면서 세면대 수도를 틀었는데도 물이 잘 나왔다고 했다. 바로 아빠에게 전화해 세약금을 받아 계약했다. 변기 물을 내리면서 수도 틀 생각을 어찌한 건지. 아들이 엄마보다 야무졌다.

이사를 도와주면서 본 방은 아들이 설명한 것보다 더 작았지만, 아들은 만족한다고 했다. 서울 날씨가 워낙 추워서 걱정이다. 때마침 날리는 눈발은 헤어짐을 의식해서인지 더 스산했다. 기시감이 느껴졌다. 기숙학원에 아이를 두고 돌아설 때, 훈련소 입대하는 아들을 운동장에 두고 올 때, 휴가 후 복귀하는 기차에 오르는 아들의 뒷모습을 볼 때, 마음이 조금 비었다. 눈발이 날리는 원룸에 아들을 두고 오던 추운 계절의 끝자락, 그 밤이 뇌리에 새겨졌다. 아들은 이제 밥 차려 먹고, 빨래하고, 크고 작은 일들을 혼자 처리해야 한다.

모든 엄마에게 첫아이의 의미가 남다르겠지만 내게도 큰아이의 존재는 특별하다. 우주를 품은 벅찬 감정을 처음 느끼게 하고, 엄마로 만들고, 엄마 자격을 가늠할 시험대에 올린 것도 큰아이다. 스물여섯 살, 결혼하자마자 아이를 가졌고 스물일곱 살에 엄마가 되었다. 능숙하게 아이를 키울 줄 알았는데 오만이었다. 성숙한 초보 엄마는 없었다.

연년생으로 들어선 아이를 유산하고 다시 둘째를 가지면서 어쩔 수 없이 큰아이에게 소홀한 부분들이 있다. 사춘기에 나를 힘들게 한다고 맘 상하는 말도 했다. 차마 아이에게 집을 나가라 할 수 없어, 내가 집 밖에서 서성이다 들어간 적도 있다. 아이의 사춘기는 엄마에게도 사춘기였다. 성장통을 심하게 앓는 아이 옆에서 나도 덩달아 엄마 성장통을 앓았다. 유독 큰아이에게 미안한 이유는 사춘기 아들과 비슷한 수준으로 말하고 행동했던 유치한 엄마였기 때문이다. 중심을 잡는 남편이 없었다면, 그 시절 아들과 쓸데없는 대결을 하느라 '나'도 '아들'도 놓쳤을지 모른다. 복학생, 조금 덜 걱정하기로 했다. 대신 살아 줄 수 없으니 믿고 맡기기로 했다. 눈에 안 보이니 쉽다.

니체의 '거리의 파토스'는 지식백과에 이렇게 정의되어 있다. "남과 비교하지 않고 자신의 힘을 긍정하는 것". 가족 간에도 거리가 필요하다.

사랑하는 정도와 거리는 비례한다. '사이' 공간이 넓을수록 애틋한 마음이 더 든다. 감정 연결이 느슨한 만큼, 몸과 마음이 서로 자유로워진다. 같은 공간에 있다면 정서적 거리를 둬야 한다. 성인이 되었다는 기준은 각자 다르다. 적당한 시기에 부모와 자녀가 정서적으로 독립해야 건강한 사이가 유지된다. 내게는 그 시기가 바로 지금이었다.

9. 이제 엄마 독립 차례다

"전역의 해가 밝았습니다!"

2022년 1월 1일 0시를 막 지나자마자 새해를 축하하는 소리가 여러 채팅방에서 동시다발적으로 들려왔다. "전역의 해가 밝았습니다."라는 톡이 들어온 것은 해가 뜨고 나서였다. 토요일이라 군인들이 아침부터 스마트폰을 쓸 수 있었다. 막내아들의 제대 예정일은 2022년 12월 23일이다. 꽉 채운 2022년을 보내야 하는데, 해만 바뀌어도 전역에 대한 꿈이 부풀어 오르나? 남편과 나, 제대해서 심신이 너그러워진 큰아들은 막내 덕에 큰 웃음으로 새해를 시작했다.

'국방부 시계는 거꾸로 매달아도 간다.' 시간은 상대적으로 흐른다. 당연하게 여겨지는 말 같지만, 아인슈타인이 시간의 상대성을 증명하기 전까지는 대중에게 공식적으로 인지되지 않았다. 누구에게나 공평하게 주어진 것이 시간이라 여겼다.

'크로노스의 시간, 카이로스의 시간'이라는 말을 자주 접한다. '크로노스의 시간'은 해가 뜨고 지는 결정적인 시간을 의미한다. 인간의 역사 속에 흐르는 시간으로 공전과 자전으로 이루어지는 시간이다. '카이로스의 시간'은 기회의 시간을 말한다. 카이로스는 그리스어로 '기회' 또는 '특별한 시간'을 의미한다. 그리스 로마 신화에서 남성 신으로 신격화되었다. 카이로스는 앞머리는 길지만, 뒷머리는 대머리이다. 어깨와 발목에 날개가 달려 있다. 앞머리가 무성한 것은 사람들이 잘 붙잡을 수 있게 하기 위한 것이고, 뒷머리가 없는 것은 기회는 지나가 버리면 잡을 수 없다는 것을 의미한다. 아우구스티누스가 말하는 '내면의 시간'은 카이로스의 시간과도 같다고 볼 수 있다.

길고도 짧은 시간, 짧지만 긴 시간. 막내의 군대 생활은 크로노스의 시간보다 카이로스의 시간이 상대적으로 더 길었으리라. 18개월 군 복무 기간을 휴가도 거의 없이 훈련으로 꽉꽉 채웠다. 군 복무 체감 기간은 36개월 정도이지 않을까. 낙오 없이 모든 과정을 수료하고 해병대 수색대로 12월에 전역했다.

해가 바뀌자마자 바로 복학을 준비하기 시작했다. 남편이 아들들에게 보내 주는 돈은 상한선이 있다. 월세와 기본 생활비 정도다. 2023년 물가 인상률을 반영해 조금 올렸다. 두 아이 모두 아르바이트해서 용돈을 번다. 큰아이는 주말 아르바이트를 하다가 근로장학생으로 옮겼다. 작은아이는 수상 구조 안전요원 자격증을 따면 시급이 꽤 괜찮고 일거리가 자주 있다며 복학 전에 자격증을 준비했다. 단기로 아르바이트하고 나머지 시간을 이용해 공부할 거라고 했다.

자격증 과정이 있는 곳이 수도권이었다. 친구 자취방에서 10일 정도 먹고 자면서, 새벽 6시 30분에 지하철을 타고 인천으로 훈련받으러 다녔다. 서울에서 1시간 30분 정도의 이동은 아무것도 아니라는 것을 체험했다며, 군 복무보다 어려웠다고 너스레를 떨었다. 올라간 김에 방을 구했다. 공인중개사와 여러 번 집을 보러 다녔다. 강남 쪽이라 세가 비쌌다. 오피스텔을 구해 주인과 월세 날짜 맞추고 2월 11일에 이사하기로 했다. 자격증을 따고 내려오자마자 방을 정리했다. 옷을 개서 정리하거나 책상 위 책을 각 맞춰 정리하는 모양새가 딱 아빠다. 얼마나 버렸는지 방에서 동굴 소리가 들렸다. 분리 배출한 물품들이 쌓였다.

"아들, 이사 언제 할 계획?"

"제가 알아서 할게요."

"잉? 어떻게?"

큰아들 때처럼 서울에 데려다주려고 우리 부부는 일정 조정 중이었다. 그런데 엄마 아빠가 바쁘니 이사를 알아서 하겠다고 했다. 이사 핑계로 가지 않으면, 작은아들 원룸을 구경도 못 할 것 같았다. 아들을 설득했다. 내가 어디까지 도와줄 수 있는지 먼저 말하고 기다려야 한다. 그 녀석 머릿속 엄마는 여전히 바쁘고 여유가 없다.

막내를 임신했을 때 기형아 진단과 다운증후군 의심 진단을 받았다. 낳을 때까지, 전국 병원을 순례했다. 신생아 때 황달로 입원한 것을 마지막으로 나를 힘들게 한 일이 없었다. 서울에 입성하자마자 장기적인 계획을 세워 하나씩 실천한다. 헬스장에 등록하더니 냉동실에 닭고기를 꽉꽉 채웠다.

아들들은 성별만 같을 뿐, 많은 부분에서 다르다. 학창 시절 노는 방식도 달랐다. 큰아들은 게임을 하며 놀고, 작은아들은 운동하며 친구들과 어울렸다. 아르바이트도 성격대로 했다. 큰아들은 시간 가성비를 따졌고, 작은아들은 경제 가성비를 따졌다. 큰아이는 밥을 사 먹고, 작은아이는 밥을 해 먹는다. 혈액형과 곱슬머리도 같은데, 성향은 다르다. 각자의 소신대로 서울살이하고 있다.

한눈에 들어오는 방 안 풍경을 사진기에 담고 나왔다. 아이들이 만들어 갈 삶을 기대한다. 외로움을 좀 타는 큰아이는 큰아이대로, 독립심이 강한 막내도 그 나름대로 잘해 나갈 것이다. 일상으로 돌아가면 나는 아들들 생각을 매일 하지 못할지도 모른다. 가끔 만났을 때, 성장하는 엄마로 만나고 싶다. 아들들은 경제적인 부분만 빼고 거의 완벽하게 독립했다. 이제 엄마 독립 차례다.

빈 둥지 빌드업 RGPD법 R단계

1. 자녀가 학업, 직장, 결혼 등 여러 이유로 부모 품을 떠난 후 지나친 허전함이 든다.

2. 자녀가 쓰던 방과 물건들을 보면 코끝이 시큰하다.

3. 앞의 상황이 반복된다면 빈둥지증후군인지 확인한다.

4. 빈둥지증후군이 경미하다면 다음 단계로 진입한다.

5. 증상이 심각하다면 전문가의 도움도 필요하다.

6. 기억해야 할 것: 자녀의 독립을 인정해야 부모도 정서적으로 독립할 수 있다.

제3장

경고등이
자꾸 깜빡입니다

1. 갑상샘암 의심이라뇨

일이 생기기 전에는 아주 자그마한 것이라도 조짐이 있을 줄 알았다. 영화, 소설에는 관객과 독자를 위해 다음을 예측할 수 있는 팁이 있다. 일상에 균열이 생길 때는 손톱만큼의 복선이라도 깔릴 줄 알았다.

매년 9월, 우리 부부는 건강검진을 한다. 보통 3월에서 9월 사이에 하면 되는데, 미루다 마지막 달이 되어서야 시험 치르듯 날을 잡는다. 형식적으로 검진에 임하다 보니 매번 무엇을 검사할지 꼼꼼히 따지지 않는다. 그렇다고 안주 고르듯 '아무거나'로 할 수도 없다. 남편은 출장 업무가 잦아 검진 신청 마감일을 가끔 잊는다. 출근하고 연락이 오는 경우는 급하다는 얘기이다.

"오늘 마감이라는데. 특별히 신청할 거 있나?"

"어, 딱히 없는데. 작년과 비슷하게 신청해 주세요."

2020년 9월 2일, 그날도 매년 하는 건강검진 날이었다. 늘 하던 검사 말고 다른 검사를 해 봐야겠다는 생각이 든 건 지인이 유방암 수술을 받아서였을 것이다. 10년 전쯤, 형님과 올케가 거의 같은 시기에 갑상샘 수술했을 때 나도 검사를 했었다. 그러고는 몇 해 걸렀다.

초음파실에 누웠다. 까만 방에 컴퓨터 화면만 밝았다. 베개를 어깨 부분에 걸쳤다. 목을 젖히고 손을 가지런히 모았다. 어두운 천장에 흑백 모니터 두 대가 내려다보고 있었다. 화면을 보면 된다는 목소리가 들렸다. '침을 언제 삼켜야 하지?' 타이밍을 엿보았다. 엇박자로 뛰는 심장 소리에 잠시 주의를 기울이다가 길게 숨을 내쉬었다. 초음파 사진을 바라보고 있었다. 의사는 연달아 마우스를 딸깍거렸다. 커서로 한쪽 좌표를 찍고, 반대쪽으로 길게 선을 그으며 좌표를 찍던 의사가 침묵을 깼다.

"여기 뭐가 보이네요. 잠시만요."

화면에는 흑백이 만들어 내는 2차원 사진뿐인데, 의사는 뭔가를 봤다. 숙달될 때까지 얼마나 저 화면을 들여다봤을까 쓸데없는 생각이 지나갔다. 마우스를 이리저리 옮겨 가며 크기를 재고 캡처하더니 외래 진료를 권했다. '이럴 때 사고가 정지하는구나.' 외래 접수를 하겠다는 말을 들으며 기계처럼 떠오르는 생각을 하고 있었다. 간호사가 나를 부드럽게 끌었다. 목에 묻은 젤을 닦고 옷을 갈무리했다. 아무렇지 않게 복도로 나왔다. '여기 어디 남편이 있는데……' 남편을 찾고도 싶고 만나는 시간을 미루고도 싶었다. 설명하기 어려운 감정들이 들고 났다. 약간은 귀찮고, 처음 하게 될 검사라 낯설었다. 사람이 많지 않았으면 하는 기대도 잠깐 했다.

옷을 갈아입고 나오니 남편도 검진이 끝나 있었다. 병원 내 식당에서 음식을 주문했다.

"갑상샘에 혹이 있대요. 밥 먹고 검사받으러 가야 해요."

수저를 챙기는 남편에게 외래 진료를 받고 가야 한다고 말했다. 잠깐 굳은 표정이었지만 늘 그렇듯 "그래." 하고 대답했다. 전날 금식한 덕분에, 남편이 별일 아니라고 차분하게 대답한 덕분에 밥이 맛났다.

외래 1층에서 더듬거리며 진료실을 찾아갔다. 진료 대기가 길지 않았다. 간호사가 갑상샘은 세침으로 검사한다며 주의 사항을 설명했다. 목에 주삿바늘을 찔러 조직을 떼어 낼 것이다, 말하거나 움직이면 다칠 수 있다, 검사 중에 침을 삼키는 것도 안 된다, 검사는 2분 정도 소요될 예정이고 위험할 수 있다 등 안내문을 주었다. 초음파실에서 침 삼키는 타이밍을 잡느라 촉을 세웠는데 검사실에서도 긴장 상태에 돌입했다. 베개를 목과 등 사이에 올리고 고개를 완전히 뒤로 젖혔다. 온몸의 힘을 다 빼고 무방비로 누워 있는 모습이 맘에 들지 않았다. 바늘은 따끔했다. 숙련된 의사가 해야 통증이 없다는 것을 나중에 알았다. 목에 밴드를 붙이고 대기했다. 출혈이 없는 것을 확인하고 나서야 움직일 수 있었다.

병원 로비에 오가는 사람들이 그제야 보이기 시작했다. 그동안 주차장에서 검진센터로, 푸드코트에서 식사하고 다시 주차장으로 빠져나왔다. 건물 로비의 모습이 스냅 사진처럼 시야에 들어왔다. 여기에 사람들은 어떤 일로 왔을까. 날씨도 소음도 사람들도 아침과 다를 바 없는데, 세침을 찔렀던 미세한 구멍으로 헛헛한 바람이 들어오는 듯한 착각이 들었다. 일주일 후 진료 예약을 했다.

검사를 받고 나와 오후부터 바로 수업했다. 일요일 오후까지 아무렇지 않게 일상을 살았다. 검사받았다는 사실도 애쓰지 않으면 생각나지 않았다. 일요일 저녁에 '화요일 오전 10시, 병원 예약' 알람이 떴다. 플레이 버튼을 누른 것처럼 손이 덜덜 떨리기 시작했다. 며칠 아무렇지도 않았다는 것이 거짓말 같았다. '만약에'로 시작하는 온갖 상황이 머릿속에 시뮬레이션되었다. 2001년 삼성병원 응급실에서 있었던 사건이 떠올랐다. 산부인과에서 막내 유산을 권유받고 남편과 상의하느라 방심한 사이 큰아들이 철제 의자와 함께 넘어갔다. 턱에서 피가 솟구치며 우는 아이를 안고 응급실로 뛰었다. 그때도 '만약에'를 떠올리며, '어떻게'를 의논했다. 20년이 지난 지금, 같은 병원에서 다른 걱정을 하고 있다니.

차원이 다른 세상에 혼자 있는 기분이었다. 만약 암이라면 무엇을 어떻게 해야 할지 정리해 보려 했다. 수업은, 모임은, 수술은? 생각할 것이 많아질수록 아무것도 묻지 않는 남편이 무심해 보였다.

"화요일에 같이 갈 수 있어요?"

"어딜?"

내가 힘들어 해서 검사 이야기를 입 밖으로 꺼내지 않은 줄 알았다. 남편은 그냥 잊고 있었다. 몇 초 후 남편이 뒤늦은 반응을 했다. 정말 아무 일도 없을 거라는 믿음에 완전히 잊었다고 했다. 내 눈치를 보는 게 느껴졌지만, 혼돈의 도가니에서 허우적대느라 남편까지 챙길 여력이 없었다. 다음 날 남편은 급하게 월차를 냈다. 결과를 기다리는 진료 대기는 아인슈타인의 상대성 이론을 체험하게 했다. 찰나의 시간이 엿가락 늘어지듯 초 단위로 늘어졌다.

마침내 의사 앞에 앉았다.

"악성이 아니어서 괜찮습니다. 매년 추적검사만 하면 되겠네요."

말과 동시에 굳어 있던 어깨 긴장이 풀렸다. 종양 크기가 그리 크지 않아 미관상으로도 괜찮다고 했다. 어쨌든 1년은 괜찮다는 얘기였다. 안심하고 가라는 말이 감사하면서 야속했다. 이상 없으면 전화나 문자로 미리 알려 주면 좋았을 텐데. 이틀간 긴장한 시간이 아깝기도 하고 꼬박 일주일 동안 마음고생하지 않은 건 다행이기도 했다. 눈이 마주치자, 남편이 씩 웃었다. 괜히 머쓱해서 로비 쪽으로 시선을 돌렸다. 오가는 사람들이 건강하게 집으로 돌아갔으면 했다.

검사 기기의 정밀도가 높아져 몸 안에 있는 종양을 잘 잡아낸다. 그러다 보니 굳이 알지 않아도 될 것들을 알게 된다. 불안한 마음에 이것저것 검사하면, 비용이 들고 마음이 불편해지는 일도 생긴다. 괜히 돈을 낭비했다는 생각이 들기도 하지만, 그렇더라도 한 치 앞을 예측할 수 없기에 이상 신호가 잡히면 그냥 넘기면 안 된다. 시간과 돈을 들여서라도 확인해야 한다. 실금 하나로 일상이 무너질 수 있기 때문이다.

2. 걷기로 여는 하루

코로나 팬데믹 위기 7개월, 요가원에 복귀한 지는 3개월이 지났다. '갑상샘암 의심'이 추적검사로 바뀌었다.

추적검사, 영어로 'follow-up'

"추적검사 및 추적조사는 어떤 특정한 조사 대상에 대하여, 어떤 기간을 두고 같은 조사를 반복해서 하는 것입니다. 시간이 경과함에 따라 조사 대상이 어떻게 변화하는가를 알 수 있습니다."

아산병원 건강 정보에 나와 있는 내용이다.

꼼꼼히 문장을 읽으며 내 상황에 대응했다. '어떤 조사 대상'은 '나', '어떤 기간'은 '1년 후'라고 대입했다. '어떻게 변화'는 종양의 모양이 커진다든지, 성질이 악성으로 바뀌는 것을 의미할 것이다. 나는 행간을 이렇게 재해석했다. '성실하게 노력하면 1년 후에 종양의 모양은 바뀔 수 있다.'라고. 내가 얼마나 노력하는지에 따라 종양의 모양이 예뻐질 것 같았다.

내가 할 수 있는 일은 무엇일까. 어떻게 할 수 있을까. 새로운 숙제가 생겼다.

남편은 보통 07시 30분 전후에 출근한다. 나는 라디오를 들으며 운동 가방을 챙긴다. 요가 시작은 08시 40분인데 여유 있게 도착하면 족욕을 한다. 족욕은 혈액순환을 도와 땀 배출을 쉽게 한다. 뜨뜻해진 몸에 스트레칭을 하면서 근육을 깨운다. 요일별로 중심 운동이 달라서 지루하지 않다. 5년 전에 요가 시작할 때는 오른쪽 어깨가 위로 들리지 않았다. 요가를 하고 나서 어깨 통증이 감소했고 팔도 잘 돌아갔다. 아쉬운 것은 요가 시간이다. 스터디 모임이나 출근, 강의 등 외부 일정이 대체로 10시에 시작한다. 이동 시간까지 고려하면 요가 수업 30분도 채우기가 힘들다. 시간이 촉박한 날은 스트레칭을 10분 정도 할 수 있다. 이걸로는 운동 강도가 약했다.

검사 결과 후 건강 관리를 위한 운동을 강화해야겠다고 말하자 지인이 걷기를 추천했다. 요가원 쉬는 동안 걷기를 시작해서 4개월이 지났다고 했다. 솔깃했다. 숨쉬기만큼 잘할 수 있을 것 같았다. 스마트폰에 내장된 건강 관리 어플을 활성화했다. 하루 6천 보로 세팅된 화면이 보였다. '이 정도는 걸어야 하는구나. 6천 보쯤이야. 만 보까지 채우지, 뭐.' 거뜬히 채울 줄 알았다.

2020.12.15. 걷기 1일.

　생일선물로 받은 무선 이어폰을 스마트폰에 연결하고, 신발장에서 운동화를 꺼냈다. 남편 출근과 동시에 나도 바로 움직였다. 1시간 걷고 요가원으로 가도록 걷기 코스를 짰다. 가볍게 집을 나섰다. 해가 없는 12월은 쌀쌀했다. 몸이 경직한 상태로 걸었다. 30분 정도 걸었을까. 뺨에 닿는 칼바람이 어느 순간부터 시원하게 느껴졌다. 미처 장갑을 준비하지 못했다. 얼굴과 손은 얼었는데, 속에서는 열이 났다. 목도리를 느슨하게 풀었다. 옷이 부대껴서 패딩 지퍼를 조금 내렸다. 발바닥이 뜨거웠다. 액정에는 겨우 3천 보가 기록되어 있었다. 정강이 근육이 돌덩어리 같고 속도를 올리면 욱신거렸다. 횡단보도 앞 빨간불이 반가웠다. 얼마간 더 서 있고 싶었다. 파란 신호가 야속했다. 꾸역꾸역 만 보를 채웠다.

　요가원에 도착하자마자 족욕탕에 발을 담갔다. 뜨겁고 시원한 감각이 전신을 흐물거리게 했다. 갑작스러운 걷기로 긴장한 정강이를 주먹으로 두드리며 달랬다. 정강이는 욱신거렸다. 호기롭게 걷는다고 선언했는데 하루 만에 중단할 수 없었다. 보름 정도 치열했다. 옷을 입고 신발을 신기까지 한동안 내적 전투를 치렀다. '계속해야 하나. 일주일에 하루는 쉬어도 되지.' 마음은 질풍노도인데, 몸은 쾌감을 알아 갔다. 라디오를 배경음으로 삼아 걷다 보면 묘하게 으쓱해진다.

　실제로 걷기는 신체 혈류를 순환시키고 뇌에 산소와 영양분을 증가시킨다고 한다. 이때 기분을 개선하는 신경 전달 물질 세로토닌과 도파민의 수준이 올라간다. 또 신체 부교감 신경계를 활성화해 스트레스 호르몬 코티솔의 수준을 낮추는 데 도움이 된다. 강도가 세지 않으면서 운동이 되고 스트레스도 줄어드는 효과가 있다. 요약하자면 걸으면 기분이 좋아지고 건강해진다는 거다.

걷는 하루가 누적될수록 인식의 범위도 넓어졌다. 우선 '나'와 더 친해졌다. 전자 기기의 통계를 보면 나는 대략 10분에 천 보 정도 걸을 수 있고, 속도는 빠르지 않다. 만 보를 채우는 시간은 90분 정도다. 신호등 대기를 포함하면 더 걸릴 때도 있다. 처음에는 강의를 들으며 걸었는데, 점점 라디오 듣는 것으로 바뀌었다. 걷는 코스에도 취향이 있다. 활기찬 도로 옆 쭉쭉 뻗은 가로수 길도 좋지만, 조용한 주택가를 더 선호한다. 집주인의 안목을 알 것 같은 집에 걸음을 멈춘다. 시선이 먼저 사로잡히면 철창 사이 정원에서 새어 나오는 꽃향기가 후각을 자극한다. 이리저리 각도를 조정해 사진을 찍는다. 다정한 톡방에 사진을 올려 지인들에게 행복을 퍼트린다.

익숙한 장소에서 낯선 대상을 발견하는 재미도 있다. '여기에 이런 가게가 있었나?' 하는 곳도 있다. 동네 카페 영업시간, 새로운 메뉴 등이 적힌 안내문을 보며 맛을 상상했다. 비어 있는 가게를 보며 안타까워하고, 공사하는 곳은 어떤 가게가 들어올까 기대한다. 비슷한 시간대에 걸으니 만나는 사람도 비슷했다. 긴 머리를 휘날리며 뛰는 아가씨는 부러워서 고개를 쭉 뺀다. 근육질 몸으로 뛰는 아저씨를 힐끔 보느라 목이 살짝 돌아간다. 구부정한 등과 벌어진 다리로 앞뒤로 팔을 휘저으며 걷는 어르신들을 보면 엄마가 생각났다.

푼돈 버는 정보도 얻었다. 만 보를 채우면 하루 최대 140원을 버는 어플을 알았다. 발품 팔아 버는 돈이 소중해서 오래 쌓아 두었다. 오전에 걷지 못한 날은 밤에 나갔다. 여름밤에는 걷는 사람들이 많아 즐겁고 겨울에는 걷는 이들이 별로 없어 조용해서 좋았다.

아무것도 하지 않고 다음 해 검진을 기다렸다면 하루는 불안하고 다른 하루는 지루했을지도 모른다. 종양을 작게 만들 수 없지만, 더 이상 커지지 않도록 몸을 건강하게 하는 노력은 할 수 있다. 할 수 있는 것과 할 수 없는 것을 구분하니 편안했다. 건강에 이상이 생기는 것은 언제든 닥칠 수 있는 불운이지만 불운을 불행으로 만들지 않도록 노력할 수 있다. '알면 움직이자!' 단순하게 생각했다.

걷기는 시작이 쉽다. 딱히 복장이나 장비가 필요하지 않다. 속도에 따라 생각의 강도가 다르다. 하루 일정을 계획할 때는 걸음이 바빠진다. 뭔가 결정할 일이 있을 때는 저절로 속도가 줄어든다. 생각과 걸음의 균형을 맞추는 최고의 운동이 걷기다.

3. 생존, 364일

2021. 12. 15. 1주년 알람이 울렸다. 딱 1년만 걸어 보자는 목표로 걷기 시작했다. 디데이에 제목을 "생존 운동"으로 설정했다. 몸이 무거워 하루쯤 쉬고 싶은 날마다 되뇌었다.

'생존하려고 걷는 거야. 살자. 유병장수하지 말고 무병장수하자.'

매일 걷는 것을 추켜올리는 이들에게 나는 생존을 위해 걷는다고 말한다. 절박했다. 매일 절박하지는 않았지만, 간절한 마음으로 시작했다. 장마철에 쉬지 않았고 폭염에도 흔들리지 않았다. 태풍이 예보된 날은 비바람이 덜 부는 시간대를 골라 움직였다. 한파에는 옷을 단단히 여미고 나섰다. 영하 5도를 알리는 전광판을 보며 허허 웃었던 날도 있었다. 그래도 걷기를 포기하지 않았던 것은 생존이라는 목적이 있었기 때문이다.

딱 하루, 만 보를 못 채웠다. 남편이 손가락 수술하고 퇴원한 날이었다. 코로나 시기라 보호자가 병원에 동행하려면 코로나 검사를 해야 했고, 일단 병원에 들어가면 외부로 나갈 수 없다. 움직이는 데 지장 있는 게 아니어서 남편은 수술 검사부터 입원, 퇴원 수속을 혼자 처리했다. 위험하지 않은 수술이라 해도 병원에 있어 주지 못해 신경이 쓰였다. 퇴원할 때는 꼭 데리러 가겠노라고 약속했는데 하필 분주한 날이었다. 새벽부터 일정이 있어서 밤에 걸어야지 했는데, 퇴원한 남편을 도와주느라 걷기 자체를 잊었다. 밤 11시 50분이 되었을 때야, 2천 보가 모자란다는 것을 알았다. 최소 20분은 있어야 하는데, 야속한 시간은 내가 황망해하는 사이에 0시가 되었다. 걸음은 0으로 바뀌었다.

300일 정도 되었을 때 벌어진 일이었다. 365일을 온전히 채우고 싶었다. 이 정도는 착한 욕심이라고 생각했다. 멍하니 있으니, 남편이 미안해했다. 뭔가 잘못되었다. 이건 아니다. 욕심은 그냥 욕심이다. 착한 욕심은 없다. 아파도, 졸려도 걸었던 기억이 스쳤다. 앞으로도 의도치 않게 못 걷는 날이 있을 수도 있다는 생각에 마음이 차분해졌다. 하루를 못 채웠으니, 처음부터 다시 셀까. 그냥 '생존 운동' 밑에 부제로 '-1'이라 달았다. 364일과 -1일, 모두 소중했다.

1년이 되었다고 가족들에게 밝히고 1년 더 하기로 선언했다. 걷기를 시작하고 변화된 것은 무엇일까?

단연코 좋아진 것은 체력이다. 처음 걸을 때는 속도도 나지 않고, 정강이에 무거운 추를 달고 다니는 것 같았다. 발바닥이 너무 아파서, 잠깐씩 쉬어야 했다. 처음에는 나갈 때마다 큰맘을 먹어야 했다. 걷는 시간이 누적될수록, 걸을 수 없는 날이 더 힘들었다. 친정에 가도, 여행지에서도 새벽을 틈타 걸었다.

또 가방을 수시로 정리했다. 장시간 걸으려고 꼭 필요한 물건만 챙기니 가방 무게가 줄었다. 약속이 잡히면 걷는 시간까지 계산해 움직였다. 더 부지런해졌다. 시내버스를 이용한 일이 없어서, 신용카드에 교통 카드 옵션이 있는지도, 버스비가 얼마인지도 몰랐었다. 한 시간 이내 거리는 걸어서 이동하고, 먼 거리는 대중교통을 이용하면서 움직였다. 덕분에 주차 걱정도 없고 주차비도 아꼈다.

거리 감각도 생겼다. 지도를 이용해 대략 목적지 위치를 파악하고, 온전히 걸을지 버스 승차와 걷기를 어느 정도 비율로 할지 정했다. 새로운 길을 가 보는 재미도 있었다. 다니던 길을 좌우로 바꿔 가며 걸었다. 시야가 넓어지고 풍요로워졌다.

생각할 시간이 많아졌다. 새벽에 운동할 때는 그날 할 일을 생각하고, 밤에 걸을 때는 하루를 정리했다. 라디오 사연을 들으며 누군가의 기쁨과 슬픔에 동참했다. 반짝이는 생각이 떠오르면, 걸으면서 메모장에 기록했다. 운전할 때는 바로 기록하지 못해 놓치는 경우가 많았다. 걷기는 언제든 멈추고 반짝 스치는 순간을 저장할 수 있다.

부작용도 있었다. 무선 이어폰을 1년 가까이 낀 채로 다녔더니 귀에 염증이 생겼다. 이비인후과에 갔더니, 의사가 귓속 사진을 보여 주었다. 귀를 보호해야 할 최소한의 귓밥이 없어서 생긴 문제였다. 그렇다고 이어폰 없이 매일 90여 분을 걷는 것은 무료할 것 같았다. 사람들 눈에 유난스러워 보일 것 같았지만, 무선 헤드폰으로 바꿨다. 처음엔 조금 부끄러웠지만 이틀 정도 지나자 아무렇지 않았다. 사람들은 나에게 딱히 관심이 없다. 얼굴에 기미가 도드라졌다. 마스크가 있어 선크림을 신경 써서 바르지 않았고, 어쩌다 바른 날도 땀을 닦으면 지워졌다. '생존과 기미' 대결은 일찌감치 승패가 결정되었다. 생존에 피부를 양보했다.

갑상샘 종양은 크기를 유지하고 있었다. 노력할 수 있는 시간이 또 1년 갱신되었다. 이 외의 숫자들은 허망했다. 걷기도 했으니, 당연히 전년보다 나아졌으리라 믿었다. 체중계에 올라서지 않았지만, 주변 사람들이 얼굴도 좋아지고 살도 빠져 보인다고 했다. 배도 조금 들어간 거 같았다. 건강 수치로 보상받고 싶었건만, 반전은 없었다. 건강해졌다는 느낌만 남았다. 오랜만에 만난 지인이 묻는다.

"살 빠졌죠?"

아니다. 나는 건강해지고 있다.

'1년 더!'

걷기로 했다. 자극이 있으면 더 즐겁게 걸을 수 있지 않을까? 간헐적 단식을 시도하려던 참이었는데 걷기와 접목하면 동기 부여가 확실하게 될 듯했다. 남편과 아들들에게 도움을 빙자한 제안을 했다. 내가 매일 걷고 간헐적으로 단식하면, 주 1회 성공 보수를 달라고 했다. 아르바이트하던 아들들이 흔쾌히 응했다. 남편은 만 원, 아들들은 오천 원. 동기 부여금 2만 원을 받았다. 한동안 날다시피 걸어 다녔다.

매일 반복하는 일은 어떤 식으로든 지루할 수 있다. 목적이 뚜렷해도 정체기가 온다. 다이어트든 글쓰기든 대부분의 일도 마찬가지다. 스스로 의미와 재미를 찾고 멈추지 않고 나아갈 방법을 찾으면 된다. 주변에 도움을 요청하는 것도 필요하다. 누군가가 도와주면 지루한 시간은 빨리 극복된다. 우리 집 남자들 덕에 슬쩍 지루함을 넘겼다. 가족이 아니더라도 도와줄 이를 적극 포섭해 도움을 받고, 기회가 왔을 때 나도 남을 도우면 된다.

4. 피딱지와 종양

 '생존 운동' 알람이 하루의 시작을 알린다. 특별한 일이 없는 한 '운동이 1순위'다. 절박함의 수위는 낮아졌지만, 건강을 위한 노력은 아침 루틴이 되었다.

 조금 걸으면 열기가 마스크 속으로 밀려들어 온다. 땀과 호흡이 뒤섞인다. 주변을 둘러본다. 근처에 사람이 없다. 오른쪽 귀에서 마스크 고리를 빼고, 시원하게 호흡을 뱉었다. 마스크에도 궁합이 있다는 것을 걸으며 알았다. 장시간 착용해도 전혀 불편하지 않은 것도 있고, 잠깐도 힘들게 하는 마스크가 있다. 몇 번 실패하고 나서 볼 줄 알게 되었다. 걷는 사람이 되기 전에는 땀이 나면 대충 손으로 닦거나 화장지로 해결했는데 이제는 손수건을 챙기는 뚜벅이가 되었다.

 처음에는 추워지면 증상이 나타났다. 코를 푸는데 툭 피딱지가 묻어났다. 겨울이라 건조해서 그런가 보다 했는데, 여름이 되었는데도 피딱지가 나왔다. 점점 찢어질 듯한 통증을 동반하더니 코피도 아닌데, 피의 양이 많아졌다. 크기도 새끼손톱만 해졌다. 피딱지로 병원 가기는 좀 창피해서 병원에 가는 것을 미뤘다. 노란 고름이 보이기 시작하고서야 동네이비인후과를 찾았다.

의사와 같은 화면을 들여다봤다. 콧속에 노란 염증과 피가 고여 있는 딱지 같은 것이 보였다. 화면에 꽉 차 있어서 그런지 제법 크기가 컸다. 의사는 10일 정도면 치료되겠다고 했다. 약을 부지런히 챙겨 먹으면서도 병명을 몰랐다. 10일 정도 지났는데 별다른 차도가 없었다. 의사는 소견서를 써 주면서 큰 병원에 가 보라고 했다. 다시 얼떨떨해졌다. 큰 병원에 가야 할 정도인가 싶었다. 소견서에 '부비동염 ○○○'라고 쓰여 있었다. 생소해서 찾아보니 콧속에 있는 부비동에 생기는 염증이었다. 만성일 경우 수술을 해야 한다는 내용과 합병증이 나열되어 있었다. 코딱지라고 우습게 봤다.

종합 병원에 접수하고 한참 기다렸다. 초진이라 예약이 되지 않아 대기해야 했다. 30분 정도 지났을 때 간호사가 이름을 불렀다. 의사는 소견서를 보고 나서 진료를 시작했다. 한동안 코 내부를 들여다보더니, 조직 검사를 해야 한다고 했다. 콧속에서 피딱지가 생기는 부분을 떼었다. 일주일 후 결과를 보자고 했다. '조직 검사'라는 말은 병의 경중에 상관없이 사람을 경직시킨다. 그간 건강에 별다른 문제가 없이 지내 왔는데, 완경이 다가와서인지 생각지도 못한 곳에서 이상 신호가 온다.

조직을 떼어 내고 온 날부터 피딱지는 더 이상 생기지 않았다. 일주일 후 결과도 아무 이상이 없었다. 동네 병원에서 치료한 효과가 그때쯤 나타나, 완치되었을 수도 있고, 떼어 낸 조직이 염증 전부였을 수도 있다. 어쨌든 해피엔딩으로 끝나 여유롭게 검사비를 청구했다. 피딱지 해프닝이 가라앉고 뜨거운 여름을 보냈다. 걷기는 매일 진행 중이었다. 간헐적 단식은 8개월 만에 종료했다. 16시간 공복을 유지했지만, 살이 조금 빠졌나 싶더니 다시 쪘기 때문이다.

그리고 2022년 9월, 건강검진일이 되었다. 오전 7시, 남편과 병원으로 이동했다. 접수하는 순간부터 우리는 각각 검진을 진행한다. 오가다 마주치면 눈웃음만 짓고 지나친다. 각자 검사 순서를 정하기 때문에, 줄을 잘 서야 한다. 유방 초음파 검사실 앞 모니터에 전자 기기를 갖다 대었다. 간호사가 호출했다.

"김선황 님, 진료실로 들어오세요."

"네."

"오늘 담당 의사 선생님은 남자 의사 선생님이고요, 현재 검진센터 유방암 센터장입니다."

남자 의사가 하는 검진은 오랜만이다. 긴장한 상태로 누웠다. 실내가 어두워서 덜 부끄러웠다. 간호사가 몸에 젤을 발랐다. 젤이 따뜻했다. 시작부터 출발이 좋다.

천장에 있는 모니터를 바라보고 있으려니 의사가 바짝 다가와 앉았다. 표 나지 않게 발가락을 꼼지락거리는 사이 딸깍거리는 소리가 연달아 들렸다. 오른쪽 유방 검사를 하던 의사가 작은 종양이 보인다고 했다.

"지금은 종양 크기가 너무 작아서 조직을 떼어 내는 게 더 위험할 것 같네요. 내년 검진을 좀 당기는 게 어떨까요? 6개월 뒤에 검사하는 게 좋겠는데."

이번에는 유방에 문제가 생긴 건가. 의사는 따로 날짜를 잡고 검사하면 비용도 들고 복잡하니, 하반기에 진행하는 건강검진 날짜를 상반기로 당기는 게 좋겠다고 했다.

차갑게 식은 젤을 닦아 내고 옷을 추슬렀다. 어째 타석에 들어설 때마다 스트라이크를 맞는 것 같다. 혹은 연타석 홈런을 맞은 투수이거나. 선수들은 훈련과 실전 경기의 경험으로 면역이 생겼을지도 모르겠다. 건강 신호는 익숙해지지 않는다. 유방에 종양이 있다는 건 강도가 좀 세다. 갑상샘과 부비동염과 급이 다르다. '지인이 유방암 투병 중이어서 그럴까.' 지나치게 현실감이 들었다.

수면내시경 검사실 앞에서 대기 중인 남편을 만났다. 등받이 없는 의자에 앉아 벽에 기댄 채 눈을 감고 있었다. 나도 대기 번호를 찍고 옆에 앉았다. 남편 무릎에 손을 올리니 눈을 뜬다. 검진 마치고 말하려 했는데, 입이 먼저 반응했다.

"내년에는 3월에 검진받아야 해요."

의아하다는 표정으로 바라보는 남편에게 초음파 검사실에서 있었던 일을 얘기했다. 우리는 아무 말도 하지 않았다. 남편이 먼저 수면내시경 하러 들어갔다. 조금 있으니 내 순서가 되었다.

"수면제 들어갑니다."

눈 뜨니 회복실 하얀 천장이 보였다. 비척거리며 일어나 검사 기기를 챙겼다. 간호사는 내시경 사진을 화면에 띄우고 설명했다. 위는 깨끗했다. 위염 증상이 약간 있긴 하지만 대체로 양호하다고 했다. 자고 나니 아까 심란했던 마음은 자그마해져 있었다.

문제가 생겼을 때 대처하는 방법은 사람마다 다르다. 내 경우에는 약간의 시간과 적정한 수면, 식욕이 문제를 작게 만든다. 위내시경을 마지막으로 검사가 끝났다. 잠깐의 수면으로 기분이 훨씬 나아졌다. 탈의실로 가서 옷을 갈아입고, 검진복을 수거함에 넣었다. 걱정을 던져 넣을 수거함이 있으면 좋겠다. 일신에 생기는 크고 작은 문제들을 수거하고 빨래해서 햇빛에 뽀송하게 말릴 수 있다면 얼마나 좋을까.

거울을 보며 헝클어진 머리를 정리했다. 덤덤한 모습이 보였다. 검진 후 식권을 받았다. 접수대 앞에서 기다리던 남편과 병원 내 식당으로 향했다. 각자 먹고 싶은 음식을 시키고 이런저런 일을 얘기하며 대화에 집중했다.

문제는 언제든 생긴다. 최선을 찾고, 더불어 차선을 준비하면 될 것이다. 다음 검진까지 6개월이 남았다. 이 기간을 어떻게 보낼 것인가. 나는 선택할 수 있다.

5. 무게 추는 기울었다

스쿼시를 꽤 오래 했다. 운동을 함께 한 이들이 절친이 되어 센터가 문을 닫을 때까지 다녔다. 그러다 요가를 시작했다. 요가는 동작을 억지로 하지 않아도 된다. 사실 무리하기가 힘들다. 몸이 뻣뻣한 쪽에 속하는 나는 적당히 찢고 적당히 늘였다. 요가를 하면서 어깨 통증이 사라졌다. 어떤 운동을 해도 요가는 놓지 않으려 했지만, 시간 맞추기가 힘들었다.

2022년 6월, 전신이 까무잡잡한 몸매에 야구 모자를 쓴 사람이 학원에 들어왔다. 씩씩한 걸음걸이가 인상적이었다. 같은 건물 7층에 PT 센터를 열었다며, 개업 떡을 가지고 왔다. 마스크를 끼고 있어서 얼굴은 잘 못 봤지만, 근육질 몸은 숨길 수가 없었다. 떡을 아이들과 나눠 먹었다. 당시에는 별생각이 없었다. 9월 초에 학원에 찾아온 지인이 말하기 전까지는.

"7층에 PT 센터 생긴 거 알아?"

"네, 얼마 전에 떡 돌리던데."

"우리 아들 다닌 지 한 달 됐거든? 체지방 8kg 빠진 거 있지?"

8kg이라니.

6개월 뒤에 건강검진을 해야 하는 나를 유혹하는 숫자였다. 블로그를 찾아 센터 소개와 PT 후기를 읽었다. 센터 문 닫는 시간이 24시까지여서 좋았다. 문 여는 시간이 아침 9시라 늦지만, 밤에 추가할 운동이어서 개의치 않았다. 같은 건물에 있으니, 마음을 크게 먹고 이동해야 하는 노력을 하지 않아도 되는 게 가장 중요했다. 일단 상담을 신청했다. 신청서에 어떤 코치를 원하느냐는 질문에 '친절한 선생님'이라고 썼다.

7층 엘리베이터에서 내린 순간, 눈이 부셨다. 유리 사이로 온갖 기구가 설치되어 있었다. 기구 사이로 남자 회원들이 많이 보여 당황스러웠다. 부담스러운 마음을 일단 집어넣었다. 여자 트레이너가 다가왔다. 사근사근한 말투에 일단 안심이 되었다. 상담실에서 간단하게 신상을 적었다. 유방암 재검이 6개월 남았다고 설명했다. 절박함이 그득하다 못해 비어져 나올 듯했지만, 담담하게 상황을 얘기했다. 요지는 다음 검진 때까지 체계적인 운동으로 살을 빼고 싶다는 것이었다.

당일 등록을 망설인 것은 비용과 건강을 저울질할 시간이 필요했기 때문이었다. 프로모션 기간이라 할인한 금액이 30회 135만 원이었다. 요가

1년 금액이 90만 원인데 가격 차이가 컸다. 이틀 동안 '해 보자!'와 '그래도' 사이를 무수히 들락거렸다. 마침내 결심하고 문자를 넣었다.

"지난번 상담한 사람인데, 등록하려고 합니다. 연락 부탁드립니다."

내게 거금을 투자한다는 생각에 심장이 벌렁거렸다. 어, 반나절 기다렸는데, 답이 없다. 하루가 갔다. 역시 답이 없다. 살짝 약이 올랐다. 지체한 시간을 보상받고 싶어 조바심이 났다.

7층으로 올라갔다. 나를 상담했던 트레이너가 다가왔다. 서운함이 살짝 묻어나는 어조로 답이 없어서 올라왔노라고 말했다. 당황한 기색으로 트레이너는 센터에서 쓰는 공용 폰을 확인했다. 아파서 쉬었다며 미안해했다. 어쨌든 아쉬운 것은 나였다. 트레이너와 시간을 정하고 결제했다. 눈가와 손이 약간 떨리기는 했다. 괜히 마음이 시린 것도 같다. 여전히 '돈과 건강' 저울이 머리 위에서 왔다 갔다 하긴 했지만, 이미 무게 추는 기울었다. 돈을 쓰지 않고도 건강하면 더할 나위 없이 좋겠지만, 돈 아끼려 어영부영하며 시간을 보내고 싶지 않았다.

딱 6개월. 투자 금액과 기간이 명확했다. 오히려 마음이 편했다. 희망은 어떤 일을 이루거나 하기를 바라는 것, 혹은 앞으로 잘될 가능성을 말한다. 7층에서 3층으로 엘리베이터는 하향인데, 희망은 몽글몽글 차올랐다. '내가 안 해서 그렇지, 하면 잘하지.' 잘할 수 있다. 주문처럼 흘러나오는 말이 희망 농도를 더했다.

단테의 『신곡』〈지옥편〉의 3곡은 지옥의 문 꼭대기에 쓰인 글자로 시작한다. 글자를 읽은 단테가 말뜻이 무섭다고 하자, 길잡이 베르길리우스는 이렇게 말한다.

"여기서는 네가 가진 모든 불신과 두려움을 버려야 한다."

6개월 치의 막연한 걱정과 두려움을 트레이너 손에 맡기기로 했다. 후회가 없도록 하자. 전문가니까 전적으로 믿고 따르자. 시간과 돈에 대한 예의를 지키자. 머릿속에 벌써 최소 8kg의 체지방을 방출하고, 날렵한 몸으로 인증 사진을 찍는 내가 있었다. 상담할 때 식단을 조절해야 한다는 말이 살짝 걸리기는 했지만, 잘할 수 있을 것 같다.

성실한 사람은 자신을 믿을 확률이 높다. 그 믿음이 꾸준하게 자신의 길을 가도록 든든하게 받쳐 준다. 타인이 나를 믿어 주는 것도 좋지만, 스스로 '나'를 믿는 경험이 중요하다. 나만큼은 나를 믿어 줘야, 덜 흔들린다. 잠시 흔들리다가도 다시 일어설 수 있다. 언제나 그렇듯, 늦더라도 나는 포기하지 않을 것이기 때문이다.

6. 밤길 조심하십쇼

PT를 시작한 지 일주일이 지나지 않아 꿈과 환상은 깨졌다.

'여기 들어오는 너희는 모든 희망을 버려라.'

운동화, 물병, 수건만 준비하면 된다고 했다. 밤 10시에 헬스장에 들어 갔다. 뭘 입어야 할지 몰라 헬스장에 있는 운동복으로 일단 갈아입었다. 그리 크지 않은 공간에 오밀조밀 기구들이 놓여 있었다. 트레이너는 폼 롤러를 이용해 몸 푸는 방법을 가르쳐 주었다. 트레이너의 예쁜 근육에 자꾸 눈이 갔다. 발목과 어깨 스트레칭을 했다.

첫날은 하체 운동이었다. 트레이너는 전면 거울 앞에 서게 했다. 거울 로 비치는 전신을 봤다. 오랜만이다. 현관 앞에 전신 거울이 있어도 상체 만 보다가 나가는 경우가 많았다. 얼굴에 비해 몸이 크다고 해야 할지, 몸에 비해 얼굴이 작다고 해야 할지 암튼 비대칭이다. 체지방과 몸무게 수치가 머릿속을 둥둥 떠다녔다. 꼬리를 무는 생각들을 한쪽으로 밀쳐 두었다. 트레이너는 스쿼트 자세를 설명하더니 해 보라고 했다. 무릎 걱정에 자주 하지 않았다. 두 다리를 벌려 무릎을 고정하고 엉덩이를 뒤로 빼면서 앉았다. 일어나지 못할 것을 염려해 완전히 앉지 않는 나를 느꼈다. 힘든 건 싫고, 시키는 것은 해야겠고. 엉거주춤한 자세가 되었다.

바로 뒤에서 "좀 더 푹 앉으세요."라는 소리가 들려왔다. 으흐. 신음이 절로 나왔다. 무릎에서 우두둑 소리가 났다. 아픈 건 아니지만 운동 부족인가 싶어 민망했다. 천천히 시작해서 20개, 30개, 30개. 3회 하고 나니 잠시 휴식 시간이 주어졌다. 물을 마시고 런지를 했다. 무릎이 상체를 감당하기 힘든데, 하체가 차지하는 비중이 높아서 매주 하체 운동을 해야 한다고 했다. 두 다리로 버티는 건 그래도 하겠는데, 한쪽 다리로 무릎 굽히는 건 힘들었다.

첫날이라 투덜거릴 수 없었다. 좋은 인상을 주고 싶었다. 신음을 삼키며, 시키는 대로 했다. 오른발 왼발 후들거리는 다리로 그만 버티고 주저앉고 싶었다. 앞의 두 운동은 기구 없이 맨몸으로 진행했다. 마지막 운동은 레그 프레스였다. 처음에는 무게 없이 밀어 올리는 거라 수월했다. 발 위치 잡는 것과 고정하는 위치를 파악했다. 세트를 마치니 20kg짜리 원반이 양쪽에 달렸다. 다리로 미는 운동은 할 만했다. 한 세트 하고 나니 바로 20kg 원반 2개가 더 달렸다. 이것도 가뿐하게 했다. 다시 20kg 더. 첫날부터 레그 프레스 기구에 양쪽 60kg를 달았다. 세트를 마치고 "끝!"

이라는 말을 듣자마자, 곧 닥쳐 올 아는 고통이 예상되었다.

트레이너는 하루 식단이랑 마셔야 할 물의 양을 알려 주었다. 내가 하루 평균 마시는 물의 양은 300ml 정도다. 겨우 한 컵 정도 마신다. 음식이 짰거나 날씨가 더워서 땀을 많이 흘리면 좀 더 마시기도 한다. 그런데 최소한 4리터를 마시라고 한다. 잘못 들은 줄 알았다. 식단은 매 끼니 탄수화물, 단백질, 지방을 챙겨 먹으란다. 단백질은 기름기 없는 닭가슴살, 탄수화물은 밥으로 각각 150g, 지방은 아몬드 5알. 이렇게 5끼를 먹어야 한다고 했다. 새벽 5시, 오전 11시, 오후 4시, 밤 8시, 밤 11시.

불가능하다. 일단 운동 전에는 잘 먹지 않는다. 점심 약속이 없는 날은 운동 후 10시쯤 식사한다. 점심에는 외부에서 자주 먹는데, 첫 끼니라 과식하게 된다. 오후 4시에는 소화가 덜 되어 커피 정도만 마신다. 밤 8시에는 수업하는 중이다. 먹더라도 냄새나지 않도록 떡이나 과자, 빵으로 대신한다. 밤 11시에는 배가 고파도 위가 부담스러워서 되도록 먹지 않는다.

트레이너가 식단을 설계해 주는데, 할 수 없는 이유만 조목조목 꼽고 있었다. 살을 빼고 근육을 만드는 것은 운동만으로 되지 않는다는 것을 알고 있다. 식단이 70퍼센트 이상 차지하는데, 그걸 관리하는 게 내게는 무척 어렵다. 식단 조절을 힘들어하는 나를 인정하고 개선하려는 대신 내 상황을 강조하며 변명하고 있었다. '다이어트'의 유의어는 '식이요법'

이다. 살을 빼는 것이 아닌 균형 잡힌 식습관을 만드는 쪽에 더 가깝다. 노력해 보겠노라고 대답했다.

당부 사항을 듣고 러닝머신에 오르니 밤 11시였다. 걷다 뒤를 돌아보니 나와 원장님 둘만 헬스장에 남았다. 새벽 독서 모임 도서를 다 못 읽어서 마음도 무겁고, 다리는 더 무거웠다. 스쿼트와 런지를 했는데도 다음 날 다리가 별로 아프지 않았다. 그간 꾸준히 운동해서 그런 거라며 내심 흡족했다. 이틀 뒤, 종일 어기적어기적 걸었다. 근육통이 이틀 뒤에 온 것이다. 움직일 때마다 자동으로 신음이 딸려 나왔다. 슬슬 익숙해지는 찰나 담당 트레이너가 그만두었다. 내 수업은 센터 대표가 이어서 하기로 했다.

처음 트레이너가 여리여리한 근육을 갖고 있었다면 새로 수업을 맡은 원장은 굵직한 근육을 갖고 있었다. 걸음걸이가 독특하고 허리는 잘록하고 엉덩이는 빵빵했다. 밤에 수업을 마치고 운동하러 7층에 올라가야 할 때면, 발끝부터 의지를 끌어모아야 가능했다. 이전 트레이너는 적당한 간격으로 난이도를 올렸는데, 현 트레이너는 난이도가 수직으로 상승하는 느낌이었다. 무게를 바꿀 때마다 확인하게 되고, 신음이 절로 나왔다. 끙끙대는 나를 보며 씩 웃을 때는 영화 〈악마를 보았다〉가 떠올랐다.

트레이너는 아침 시간에 운동하는 것을 권했다. 헬스장 오픈이 9시인데, 7시 30분에 PT를 받는 게 어떻겠냐고 했다. 요가를 쉬고 헬스에 집중하는 게 나을 것 같아, 코치의 제안에 응했다. 아침 공복에 하는 운동이 더 나았다. 대신 아침부터 격한 PT로 심신이 피폐해졌다. 아무렇지도 않게 "다음, 더, 더!"를 외치는 트레이너에게 눈과 격한 호흡으로 불만을 토로했다. 안 통한다. 소심한 반항을 대체로 엄살로 여겼다.

"밤길 조심하십쇼."

어느 밤길에 트레이너의 뒤통수를 한 대 시원하게 날리면 좋겠다. 짓궂은 생각으로 나를 위로하다 이런 생각이 들었다. 트레이너는 비용을 받고 수업하기 때문에 적당히 회원의 비위에 맞춰 강도를 조절해 가며 수업할 수 있다. 그럼에도 원망과 분노의 화살을 내뿜는 회원을 아랑곳하지 않는 것은 장기적으로 회원을 위한 일이라 판단했기 때문일 것이다. 전문가에게 나를 맡겼다면 따라야 한다. 전문가에게 맡기는 비용이 제일 저렴하기 때문이다. 선택에 대한 책임을 지기 위해서도 필요하다. 스스로 운동해야 한다고 마음먹었다. 운동은 힘들지만, 하고 나면 근육통을 상쇄하는 뿌듯함이 있다. 고통스럽지만 만족한 일, 해 볼 만하다.

7. 건강 신호등 살피기

"김선황 님!"

호명하는 소리에 몸을 일으켰다. 간호사의 멘트가 자동으로 따라붙는다. 작년 의사 소개와 멘트가 똑같다. 그 목소리에 바짝 붙어 검사실에 들어갔다. 6개월 전에 유방 검사를 권유한 의사였다. 차트 기록을 보고, 상황을 알아차렸다. 의사는 편안히 호흡하라고 했다. 들숨과 날숨을 조절하며 예민하게 반응하지 않으려고 눈을 부릅떴다. 모니터 말고는 다른게 보이지도 않는데 온몸의 털이 뻣뻣하게 서 있는 것이 느껴졌다. 맨발에 힘이 들어갔다. 꼿꼿이 세운 발이 시렸다. 어깨 부분에 한기가 느껴질 때쯤 의사의 목소리가 들렸다.

"조직 검사 안 해도 되겠네요. 크기가 그대로예요."

의사의 말에 내 심장의 위치가 오르락내리락했다. 옷을 여미며 가뿐하게 일어섰다.

"감사합니다."

한 옥타브 높은 인사말을 덧붙이고 다음 검사실로 이동했다. 이탈했던 일상들이 순식간에 정리되었다. 2023년의 종양은 모양과 크기를 유지했다. 뒤틀렸던 마음가짐도 제자리를 찾았다.

검진일이 한 달 앞으로 다가왔을 무렵 초조했다. 기간은 바짝 다가오는데, 결과가 신통치 않았다. 눈바디로는 약간의 변화가 느껴지지만, 몸무게 변화가 없다. 체지방과 근육량 비율도 거의 그대로다. 숫자보다 눈바디가 더 중요하다는데, 검진은 숫자로 말한다. 몸무게 수치가 높으면 거의 모든 내장 검사 결과가 위험을 가리킨다. 2~3년 전부터 고혈압 경계선을 넘나든다. 전자 기기로 1차 측정하면 고혈압 수치가 나온다. 간호사가 바로 수동 혈압계를 가져와 다시 재야 안정권에 든다.

책임을 트레이너에게 돌리고 싶지만 나는 안다. 식단 불균형을 고치지 못했고, 물의 양도 늘리지 못했다. 수면도 부족했다. 의도하지 않았지만 비협조적이었다. 살이 잘 빠질 리 없다. 그나마 과자와 빵을 먹을 때는 트레이너의 얼굴이 떠올라 양껏 먹는 일은 줄었다. 검진 날짜가 바짝 다가오니 별의별 궁리를 하게 된다. 다이어트 광고에 눈이 갔다. 2주 만에 살을 쪽 빼 준다는 문구가 달콤하게 빈틈을 파고들었다. 고가의 PT 비용을 쓰지 않았다면 덜 초조했을까. 본전 생각이 났다. 애써 검진 결과가 좋으면 된다고 추슬렀다. 유방 종양이 문제없으면 본전은 뽑은 거라고 위안을 삼았다.

검진 당일 옷을 갈아입자마자 기초 검사를 했다. 체중은 8개월 전 대비 1kg 늘었다. 체지방이나 근육량도 비슷했다. 폐활량은 좋았다. 고혈압, 여전히 경계선이다. 갑상샘 초음파를 진찰하는 의사는 작년과 같았다. 서류 보고 초음파 검사를 하는 의사의 움직임을 어둠 속에서 기민하게 쫓았다. 크기 변동이 없다는 목소리를 듣고 안심했다.

유방 초음파실 앞에서 대기 번호를 찍었다. 의자에 앉아 순서를 기다렸다. 10:03, 10:03, 10:04, 10:04. 자꾸 들여다봐서 시간이 안 가나 싶은 생각이 들 정도로 1분이 더디게 흘렀다. 내 앞에 대기자가 서너 명 있는 것을 다행이라 여기다가도 얼른 이름을 불렀으면 하는 조급증이 일었다.

마침내 의사 앞에 앉았다. 유방에 있는 종양의 모양이 흐트러지지 않았다고 했다. 즉 이상 없다는 말이다. 6개월 동안 PT 받았던 시간이 지나갔다. 매일 성공하지 못했지만 매일 시도했다. 헬스장에 출근 도장을 찍긴 했지만, 매시간 죽을 만큼 최선을 다하지는 못했다. 그렇더라도 6개월의 시간은 의미 있었다. 나와의 전투에서 나를 이겼으니 말이다.

내년, 또 내년. 검사 기술이 좋아져서 장기들 뒷모습까지 기록으로 남을지도 모른다. 지인들과 농담 반, 진담 반으로 이런 이야기를 했다. 매년 암 환자가 증가하는 이유는 사는 데 지장 없는 종양들까지도 샅샅이 찾아내는 과학 기술 때문이라고. 나는 덕분이라고 말하고 싶다. 갑상샘이든 유방이든 종양이 없었다면 스스로 여전히 건강하다며 살던 대로 살았을 것이기 때문이다.

건강은 어떤 경우에도 자신할 수 없다. 늘 건강하던 사람이 갑작스럽게 생을 달리하기도 한다. 평소 몸 관리를 잘했어도 마찬가지이다. 주변에 쓰러지는 사람들이 많아졌다. 50대라는 나이가 건강 신호기를 점검할 시기인가 보다. 그간 내심 건강하다고 생각해 왔다. 갑상샘을 시작으로 나와 가족 건강에 신경을 쓰게 되었다. 지금 잘 관리하면 60대에는 좀 더 활기찬 일상을 살아갈 수 있을 것이다.

내 상황을 지켜본 남편도 운동을 시작했다. 키에 비해 마른 편이라, 근력을 키워야 한다. 운동할 시간이 없다더니 새벽 5시 30분에 일어나 헬스장에 간다. 아침잠이 많아 불가능하다고 생각했다. 그런데 건강 관리에 대해 진지하게 고민하고, 결정하더니 행동한다.

무슨 일이든 '명암(明暗)'이 있다. '암'은 손톱 거스러미만큼 신경 쓰이는 수준일 수도 있고, 온몸을 녹이는 고통으로 올 수도 있다. 무엇이든 과소평가해서는 안 된다. 검사는 두렵다. 결과를 아는 것은 더 두렵다. 하지만 '암'을 직시할 때, 상황 판단을 할 수 있고, 그에 맞는 조치도 취할 수 있다. 건강 이상 신호는 '명'을 온전히 누리기 위한 점검 표시등이다. 연연하지도 무시하지도 말고 매 순간 건강 신호기를 잘 보고 따를 일이다.

8. 예뻐 보여

골대를 향해 열심히 달려왔는데, 골대가 더 멀어져 있고, 몰고 온 공은 시작점에 다시 가 있다. 원위치된 공을 확인했다. 허망했냐 하면, 꼭 그렇지는 않았다. 숫자는 실패를 가리키고 있지만, 실패하지 않은 기분이 든다. 골대에 골을 넣으면 끝이라고 생각했다. 목표를 달성할 기간을 6개월로 정했다. 그 기간이 끝났다.

완전한 성공도 아니고, 다 실패한 것도 아니다.

처음부터 장기간 전쟁이라 여기고 있었나 보다. 막내를 낳고 임신 중독증으로 체중이 많이 증가했다. 원상 복구하지 못하고 20년이 흘렀다. 세월의 무게를 착실하게 견딘 축적물을 반년 안에 해결할 수 있을 거라고 믿지 않았다. 느긋한 성격도 한몫했다. 신중해서 시작이 늦은 대신 시작한 일은 거의 포기하지 않는다. 느리더라도 꾸준히 간다.

뉴턴의 제1 법칙은 "관성의 법칙"이다. '외부 힘이 가해지지 않으면 물체는 일정한 속도로 움직인다.' 즉, 힘이 가해져 자극받아 속력과 방향이 변하기 전까지는 기존의 운동 상태대로 움직이려고 한다는 것이다. 매일 관성대로 헬스장에 간다. 아침에 눈 뜨면 운동복부터 입고 준비물을 챙긴다. 새벽 독서 모임이 없으면, 바로 헬스장으로 직행한다. 모자를 눌러써서 세수 안 한 얼굴을 가리기도 한다. 민낯으로도 운동하러 간다.

독서 모임 지인이 물었다.

"아침마다 운동을 꾸준히 하는 비결이 뭐예요?"

"운동복부터 입어요."

아침에 일어나서 운동하러 갈까를 스스로 물어보는 건 함정에 들어가는 행위다. 방해꾼이 끼어들 틈을 주면 안 된다. 특히 침대에서 일어나기 전에는 더더욱 그렇다. 몸은 편안함을 지향한다. '당연히' 가기 싫음이 온몸에 덕지덕지 붙어 있다. 아직 따뜻한 이부자리가 나를 끌어당긴다. 어제까지 열심히 달렸으니까, 오늘은 좀 쉬어도 된다는 합리화 필터를 신속히 통과한다. 약간의 죄책감마저 걷어 내면 그날 운동은 못 가는 거다.

그래서 일어나면 고양이 세수도 하기 전에 운동복부터 챙겨 입는다. 일단 운동복을 입으면 반은 성공이다. 헬스 할 때 레깅스를 입는다. 쫀쫀한 레깅스를 억지로 끌어 올리고 나면, 입은 게 아까워서라도 운동하러 간다. 대부분은 성공이다. 물론 정말 하기 싫은 날도 있다. 그런 날에 헬스장에 가면 약간씩 나를 추어올리는 의식적인 노력이 필요하다.

'왔으니까 스트레칭하고 기구 한두 개만 하자.'

'온 김에 30분만 걷자.' 등등

내 몸을 위한 건데 치사하지만 마음을 살살 달래 가며 운동한다.

여름에는 습한 날이 많다. 운동 강도가 강해지면서, 물을 1리터 가까이 먹는다. 에어컨 아래에서 해도 땀이 줄줄 흐른다. 그래도 살이 빠지지 않자, 트레이너의 지령이 떨어졌다. 유산소 운동을 늘리는 게 좋겠다며 러닝머신 대신 '스텝밀 머신'을 하라고 했다. 스텝밀은 '천국의 계단'이라는 별칭이 있다. 오르는 계단만 끝없이 반복된다. 러닝머신보다 칼로리 소모가 높다. 효과 면에서 거의 2배 정도 차이가 난다.

보기만 해도 아찔해서 스텝밀 근처에도 가지 않았다. 러닝머신 옆에 있는데 눈길도 안 줬다. 트레이너는 30분 타라고 말하고는 가 버렸다. 반박할 타임을 놓쳤다. 일단 해 보기로 했다. 경사가 가파른 게 아찔해 보였다. 도망가고 싶어졌다. 가장 아래 계단에 한쪽 발을 올렸다. 높이가 높아서 꿍 소리가 절로 났다. 1단계를 설정하니 서서히 계단이 나타났다. 할 수 있겠다 싶어 앞사람이 하던 대로 5단계로 올렸다. 헉헉 소리가 절로 나, 타이머를 보니 2분 지났다. 단계를 3으로 낮췄다. 많이 한 줄 알았는데, 5분 지났다. 다리 근육이 뜨거워졌다. 허벅지가 끊어질 거 같았다.

정지 버튼을 눌렀다. 기계를 멈추고 가쁜 숨을 몰아쉬었다. 무릎 주변 근육을 살살 풀어 주다 옆에 있는 전면 거울을 봤다. 얼마 전까지는 거울이 깨끗했는데, 하얀 분필로 쓰인 글씨가 보였다.

'죽을 거 같지? 안 죽어.'

그 옆에는…….

'치킨은 살 안 쪄. 니가 쪄.'

둘러보니 거울 곳곳에 이런 글귀들이 있었다.

격려를 위한 문구인지, 분노 유발 문구인지 헷갈리는 글귀들이 보는 이를 자극했다. 숨이 조금 가라앉자, 이성도 돌아왔다. 그래도 30분은 채우자고 생각했다. 다시 '천국의 계단'에 올랐다. 죽을 거 같을 때 단계를 낮추다 참을 만하면 다시 올림 버튼을 눌렀다. '헉헉'과 '휴' 사이의 숨을 오갔다. 정확히 타이머가 '29:55'을 지나는 것을 보며 'STOP' 버튼에 손가락을 올리고 대기했다. '30:00'이 뜨자마자 눌렀다. 1초도 에누리를 허용할 수 없었다. 손은 발보다 빨랐다. 운동을 그만할 때 더 민첩했다.

텀블러에 남아 있는 물을 빨대로 빨아올리며, 여전히 오르락내리락하는 가슴을 진정시켰다. 정지된 계기판에 30분 시간과 칼로리 소모량이 적혀 있었다. 인증샷을 찍었다. 폰을 켠 김에, 예쁘게 찍히는 카메라 어플을 눌러 셀카 모드를 설정했다. 하얀 헤드폰을 끼고 머리카락이 땀에 젖은 얼굴이 보였다. 피부 보정 효과가 세팅된 버튼을 누르자 잡티가 제거된 사진이 찍혔다. 운동하는 회원들에게 방해되지 않도록 무음으로 사진을 찍었다. 갤러리를 눌렀다.

'예쁘다, 너.'

거울로 비친 내 모습을 보며 속으로 말했다. 내 다리가 아닌 것 같은 통증을 이기고, 개운하게 땀을 내고 난 모습이 예뻐 보였다. 무슨 운동이든 누적 시간이 필요하다. 나는 헬스 기간을 1년으로 재조정했다. 매일 30분 성공, 오늘은 그걸로 충분했다.

빈 둥지 빌드업 RGPD법 G단계

파악(Grip) 단계: 자원 파악하기

1. 가용 시간과 물질을 파악한다.

2. 관심사를 파악한다.

3. 버킷리스트를 작성한다.

4. 우선순위를 정한다.

5. 도움을 줄 수 있는 이들을 찾는다.

제4장

나의 이야기를
시작합니다

1. 피아노 앞에서 소녀가 되다

피아노. 내게는 '심쿵' 악기다.

어렸을 때부터 배우고 싶었지만, 형편이 어려워 배우지 못했다. 국민학교 2학년 때 이사했다. 우리 집 위치는 산동네와 아랫동네 경계에 있었다. 집안 형편은 산동네와 더 가까웠다. 집이 돔처럼 생겼는데, 유리문을 열고 마루에 앉으면, 점방에서 시작하는 골목 입구가 한눈에 보였다. 우리 집을 기준으로 양쪽으로 길이 나뉘었다. 왼쪽으로는 주택들이 거의 맞붙어 있었고, 오른쪽으로는 산동네로 가는 길과 산 아래 집들이 있었다. 동네 친구들 아빠는 공무원이 많았다. 친구들 집에는 방이 많았다. 집은 넓고, 꽃이 있는 정원이 있었다. 넋 놓고 바라보게 되는 건 마루 정중앙에 놓인 피아노였다.

친구의 엄마는 항상 걸레질하고 있었다. 얼굴이 비칠 정도로 반들거리는 암갈색 마루와 실루엣이 비치는 까만 피아노가 있는 마루에서, 종일

쓸고 닦는 친구 엄마의 모습은 우리 집 풍경과 상당히 달랐다. 피아노 덮개는 열려 있었고, 빨간 천이 건반 위에 덮여 있었다. 친구는 내가 집에 놀러 가면 피아노 앞에 앉았다. 조심스럽게 벨벳 천을 개어 한쪽으로 치웠다. 바이엘을 펴 놓고 양손으로 연주했다. 생각해 보면 그다지 잘 치는 것도 아니었는데, 나는 주눅 들었다. 건반 한번 눌러 보는 것도 조심스러웠다. 남의 집 물건에 손도 잘 대지 못하고 거의 매번 한 발 뒤로 물러나 있었다.

일요일 아침에 동네 친구들과 놀다가 사탕을 나눠 주는 무리를 만났다. 길 건너 교회에서 나온 이들이었다. 먹을 것과 놀거리가 교회에 처음 발을 들인 계기였다. 교회 피아노는 예배 시간이 아닐 때, 얼마든지 연주해도 되었다. 젓가락 행진곡 정도는 집게손가락만으로 충분했다. 거기에서 더 늘지 않았다. 교회 언니나 오빠에게 피아노를 가르쳐 달라고 했으면 도와줬을 텐데, 숫기가 별로 없었던 탓에 배우고 싶다고 못 했다.

남편이 남자 친구였던 시절, 피아노를 치는 모습을 봤다. 동요 수준이라도, 양손으로 피아노를 칠 수 있다니. 남자가 피아노 치는 모습은 수준에 상관없이 멋졌다.

아들 둘이 피아노만큼은 배웠으면 했다. 삶이 팍팍할 때 피아노를 연주하며 위로받고 음악으로 삶이 풍요로워졌으면 싶었다. 동네 피아노 교습소가 문을 닫았다. 일정 수준까지 배웠으면 했는데, 다른 곳은 가지 않겠다고 하는 바람에 레슨이 중단되었다.

　내가 피아노를 배울 시간은 아직 멀어 보였다. 아이들이 대학 가기 전까지 주머니가 빠듯했다. 학원비와 식비 등 아이들에게 들어가는 돈은 계획을 세워도 모자랐다. 있으면 당연히 주고, 없어도 줘야 했다. 아이들 고등학교까지 교육비는 내가 담당하기로 했기 때문에 남편에게 되도록 요구하지 않으려 했다. 학원비를 책정하고 초과하지 않도록 전체 교육비를 조율해야 했지만, 아이들의 필요는 항상 예상 밖이었고 예산 초과였다.
　형편이 어려워 피아노를 배우고 싶다고 말하지 않았다. 떼쓴다고 없는 돈이 생길 리 없으니까. 아들들이 배우고 싶다는 것은 반대하지 않았다. 언제든 기회를 주는 부모였으면 했다. 내 통장은 오랜 시간 마이너스였지만, 내 능력만큼 아이들에게 최선을 다했다. 막내가 고등학교 졸업 후, 교육비 지출로 생긴 빚을 1년에 걸쳐 갚았다. 경제적으로는 나아지는 속도는 더뎠지만, 마음의 여유는 급속도로 회복되었다. 홀가분한 이 시기에 뭐라도 배우고 싶었다. 코로나 상황이라 오히려 시작하기 좋았다.

　일단 피아노를 배우기로 했다. 예전에 지인이 딸 피아노를 판다고 해서 사 둔 것이다. 어린 시절의 로망을 실현하고 싶었다. 내 피아노가 생겼다. 거실에 자리 잡은 원목 피아노는 우리 집 분위기와 잘 어울렸다. 처음에는 아들들이 번갈아 피아노를 쳤지만, 점차 장식장으로 바뀌어 갔다. 장기간 사용하지 않아 피아노 조율을 새로 했다. 교회 사모님이 한 달 정도 코드를 가르쳐 주었지만, 꾸준히 하려면 피아노 교습을 정식으로 받는 게 낫겠다 싶었다. 피아노를 가르치는 교회 언니에게 상담했다.

"배우려면 온나."

이 말에 마지막 남은 망설임을 걷어 냈다. 겨우 음계만 읽는 나는 까막눈과 다름없었다. 기회는 자주 오는 게 아니었다. 당분간은 마이너스를 메꿔야 해서 여력이 없었다. 언니는 지인 찬스를 주었다. 주 1회 수업이라 회비를 받지 않겠다고 했다. 나는 덥석 제안을 물었다. 어쩌면 내가 조금 하다 말 것 같아 회비를 안 받은 걸지도 모르겠다. 오히려 무료 레슨에 더한 책임감을 느꼈다.

언니는 종이에 그려 가며 음계 설명을 했다. 피아노 코드를 배웠다. 들을 때는 알겠는데, 집에서 복기하려고 하면 생각이 나지 않았다. 피아노 치는 손가락을 영상으로 찍었다. 레슨 1시간 받고 오면 나머지 요일 동안 점심시간마다 연습했다. 동영상 재생과 정지를 반복하며 보고, 그래도 모르는 부분은 느리게 재생했다. 안 쓰던 손가락 근육을 썼더니 쥐가 났다. 굳은 손을 펴가며 일주일 동안 연습해 갔을 때, 언니에게서 시크한 칭찬을 들었다.

"니 쫌 마이 연습했네."

같은 곡을 반복해서 연습하니, 더듬거리긴 했어도 양손으로 곡을 연주할 수 있었다. 6개월이 지날 때까지 피아노 배운다는 말을 주변에 하지 않았다. 부끄럽기도 했고, 언제까지 할 수 있을지 확신하지 못했기 때문이다. 칠 수 있는 악보가 조금씩 늘어나고, 코드에 조금 익숙해졌을 때 주변에 피아노 배우고 있다고 알렸다. 이제는 내가 포기하지 않을 거라는 생각이 들어서였다.

주말에 쉬운 코드로 된 곡을 연습하는데, 옆에서 커피 내리던 남편이 한마디 했다.

"딸 키우는 거 같아."

딸이 피아노 배우고 와서 아빠 앞에서 동요를 연주해 주는 풍경 같다고. 피아노 배운 지 9개월 정도 되었을 무렵, 언니의 개인 사정으로 레슨이 중단됐다. 언제 재개될지 모르는 상황이었다. 다른 곳을 알아보지 않았다. 언젠가 다시 배울 수 있을 것이라 믿고 나도 당분간 피아노 수업을 쉬기로 했다.

피아노 레슨이 끝날 무렵 교육비와 생활비로 진 마이너스를 제로로 만들었다. 아들들이 군대에 다녀오고 아르바이트하는 동안, 통장에 돈이 남기 시작했다. 적금을 넣을까 하다가 내게 투자하기로 했다. 아들들이 복학하면 누릴 수 없는 한시적 여유라서 나를 위해 쓰기로 했다. 피아노는 선생님이 나을 때까지 잠시 보류하기로 했으니 다른 것을 찾기로 했다. 짧은 여유, 뭘 배울까.

2. 이젤 앞에서 헤세를 꿈꾸다

"나는 신념을 표현할 방법을 여러 가지로 시도해 보다가 한 가지에 집중하게 되었다. 나는 그림을 그리기 시작했다."

-헤르만 헤세-

자고 일어나 눈을 뜨면 초록색과 숫자가 어우러진 달력이 보인다. 해가 바뀌기 전에 미리 달력을 걸었다. 돈을 들여 달력을 산 것은 처음이다. 달력은 사는 게 아니었기에 크게 의미를 두지 않았다. 서점 한쪽 코너에 달력이 전시된 것을 봤다. 숫자와 은행 이름 등이 크게 부각 된 달력 말고, 기업 이미지를 부각하는 달력 말고, 멍하니 바라볼 수 있는 달력이 있었으면 했다.

찬 바람이 불자 대형 서점에 빨간 머리 앤, 피터 래빗 등 내가 좋아하는 캐릭터로 만든 달력이 전시되었다. 그중 〈헤르만 헤세의 나 자신에게 이

르려고 걸었던 발자취들 벽걸이 달력〉을 골랐다. 부제는 〈헤세의 정원〉. 눈이 시원했다. 한국인이 가장 사랑하는 작가인 헤세는 노벨 문학상 수상으로 유명하지만 그림 실력도 뛰어나다. 원래부터 그림을 그린 작가는 아니었다. 헤세처럼 신념을 표현하고 나를 발견하기 위함은 아니지만, 나도 그림을 잘 그리고 싶었다. 나이 들어 시작한 그림으로 행복한 여생을 보내는 이들의 뉴스 기사가 자극으로 작용했다. 언어가 아닌 그림으로 내 세상을 보여 주기를 꿈꿨다.

같은 교회에 다니는 미술 선생님이 8년 전부터 그림을 배우라고 권했다. 선생님은 창원 미술 협회 소속으로 문화센터와 평생교육원에 출강하고 있었다. 코로나로 외부 수업이 잠정 중단되있고 1년 정도는 푹 쉬었다고 했다. 문화센터 개강이 계속 연기되고, 쉬는 게 힘들어서 집에서 미술 수업을 열었다고 한다. 교회에서 우연히 만나 함께 커피 마시다 수업 소식을 알게 되었다. 그전에는 시간이 맞지 않았고, 무엇보다 내게 투자할 여력이 없어 시도조차 하지 못했다. 옆에 있던 친구는 그림을 배우다 중단한 상태였는데, 나에게 같이 하자고 했다. 마침 피아노를 쉬고 있어서, 마침 헤세의 그림이 눈에 들어와서, 마침 같이할 친구가 있어서. 몇 가지 '마침'이 연결되어, 그림을 시작할 타이밍이 되었다.

선생님 집은 정물화가 구현된 공간이다. 첫날부터 차와 과일이 있는 테이블을 선물받은 느낌이었다. 하얀 테이블보가 깔린 둥근 탁자에 찻잔이 가지런히 놓여 있고, 그 위에 레이스 덮개가 있었다. 선생님은 찻잔 하나도 그냥 올리지 않았다. 잔 손잡이에 귀여운 스티커를 붙이고, 바구니 안에 있는 과일의 배치도 섬세했다. 정물화를 그려야 할 것 같은 구도였다. 19층 태양 빛의 화사함이 고스란히 거실에 담겼다. 나지막한 엔틱 가구들이 띄엄띄엄 배치되어 있어 시야가 훤했다. 낮은 가구는 실제 평수보다 더 넓게 보이는 효과가 있다는 걸 처음 알았다. 베란다 한쪽에 햇빛을 듬뿍 받은 제라늄들이 제각기 예쁨을 뽐내고 있었다. 구석구석 아기자기한 소품들이 눈을 즐겁게 했다. 인스타에 올리면 '좋아요' 수십 개 받을 사진 감성이었다.

기본 재료는 선생님이 준비했다. 팔레트는 남는 것을 받았고, 이젤은 여유가 있어 함께 쓰기로 했다. 4B와 2B연필, 지우개, 칼, 붓이 꽂힌 파우치, 이젤에 얹어진 스케치북이 나란히 세워져 있었다.

연필 잡는 법부터 시작했다. 일단 어깨를 풀어 주는 의도로, 연필을 가볍게 쥐고 동그라미를 그렸다. 선생님이 시범을 보일 때는 쉬워 보였는데, 쓰지 않던 근육이어서 그런지 팔이 아팠다. 어깨 높이를 이젤 높이와 수평으로 유지하고, 선을 그리려니 몸이 뒤틀리기 시작했다. 뒤틀림이 한계치에 다다랐을 때, 선생님이 등장했다. 펜을 잡더니 연필 농도 10단계를 보여 주었다. 연필 한 자루로 명암을 표현하는 연습이었다. 서서히 변하도록 농도를 조절해야 한다. 선생님은 10단계로 보이는데 내가 그은 건 5단계 정도로 보였다. 선생님은 가볍게 그리는 것 같은데, 뭔가 만들어진다. 가로로 표현한 선에 세로로 길게 테두리를 그으니 나무가 되었다. '우와!' 탄성이 절로 나온다.

선생님은 물통에 물을 담아 왔다. 미리 짜 둔 물감을 물 묻은 붓에 묻혀 팔레트에 풀었다.

"이제 연필 잡은 왕초보인데 물감을 벌써 써도 되나요?"

"학생하고 성인은 다르죠. 학생은 기본기가 탄탄해야 하니까 오랜 시간을 들여 스케치를 연습해야 하지만, 성인들은 그렇게 수업하면 중도에 포기하는 수강생이 많아요. 성인 미술도 아동 미술처럼 재미가 있어야 오래가죠."

대답하는 와중에도 선생님 손은 스케치북을 메워 간다. 물감에 물을 묻히고 스케치북에 농도를 구분해서 칠했다. 연필 농도처럼 물감도 10단계를 표현하는 연습이다. 연필은 지울 수 있지만, 물감은 수정할 수 없어 더 표현하기 힘들었다. 하고 싶은 색에 물을 묻혀 선을 쭉쭉 그렸다. 세로선으로 10단계, 가로선으로 10단계. 파스텔 빛깔의 체크무늬가 붓 간데마다 피어났다.

내가 붓 가지고 추상적 선을 그리며 농도를 익히는 동안, 친구는 과일 담긴 바구니와 찻잔 등 정물화를 그렸다. 묘사가 뛰어났다. 스케치가 꼼꼼해서 디테일이 살아 있다. 거기에 색을 입히니 감칠맛 난다. 스승님 발끝이 아니라 친구 손끝부터 따라가야 할 참이었다.

차 한 잔을 마시고 숨을 돌렸다. 선생님은 제라늄 잎사귀를 하나 떼어 왔다. 스케치북 한쪽 귀퉁이에 주름치마같이 세로줄이 있는 잎을 그렸 다. 보이지 않아도 존재하는 사물이 있다. 사물과 사물이 겹치면 뒷부분 은 보이지 않는다. 그 부분을 인식하고 그리는 게 핵심이다. 중심선에서 쓰윽 올라가다가 겹치는 곳에서 살짝 연필을 든다. 허공에서도 선을 이 어야 한다. 보이는 대로만 그리는 것이 아니라 보이지 않는 곳을 신경 써 서 표현하는 게 더 고수라 했다.

잎사귀를 스케치하고 붓에 물감을 묻혔다. 이파리는 초록색 하나면 충 분할 줄 알았다. 한 가지 색만 들어가는 게 아니었다. 초록으로 정의할 수 없는 색을 조합해 칠했다. 노랑부터 연두를 거쳐 초록에 그냥 물까지. 색과 물의 농도를 자유자재로 해야 손바닥 크기의 이파리 하나가 완성되 었다. 바로 보고 따라 해도 서툰 손은 표가 났다.

첫 수업을 마치고 학원으로 출근했다. 깊어진 단풍을 눈에 담으며 걸 었다. 가로수는 성숙미를 풍기며 의연하게 서 있었다. 바람은 찬데 머리 는 시원했다. 붉은빛을 드러내기 위해, 단풍은 뿌리부터 최선을 다해 생 장할 것이다. 스케치를 제대로 하려면 보이지 않는 것도 보려는 노력이 필요하다. 단풍나무 줄기 속, 식물의 눈물겨운 노력이 어쩌면 느껴질 것도 같다. 겨울로 가는 가을, 그림을 시작했다. 겨울을 준비하느라 버티기에 들어가는 땅을 비집고, 씨앗 하나 두었다. 언젠가는 봄날의 따스함이 오기를, 그때까지 붓질을 멈추지 않기를, 그래서 천천히 서두르기를 바란다.

3. 결이 다른 이들을 만나다

2021년 5월 4일 화요일. 여느 주와 다르지 않은 하루였다. 매주 화요일은 특별한 일이 없는 한 출근했다. 2006년부터 거의 매주 그랬다. 회사에 소속이 되어 있으므로, 예의이자 의무라고 생각했다. 이날도 습관처럼 출근했다. 입사한 지 얼마 안 되는 선생님이 오더니, 책을 나눠 주기 시작했다. 책 제목이 보이고, 그 아래에 선생님 이름이 적혀 있었다. 선생님이 자신의 책에 사인해서 준 것이다. 내 주변에는 작가가 없다. 둘째 형님이 수필집을 준 적이 있으니 아예 없는 것은 아니다. 그래도 작가와 나는 아주 먼 이야기였다. 작가에 대한 막연한 동경과 경외감만 있을 뿐, 작가가 되겠다는 생각은 하지 못했다. 글을 쓰더라도 아주 먼 미래의 일이라 여겼다. 그런데 동료 선생님이 작가라니. 전혀 평범하지 않은 날이 되어 버렸다.

작가의 세계에 대해 알고 싶었다. 다른 날은 별로 궁금해하지 않았을 텐데 그날은 계속 물었다. 글쓰기, 온라인 독서 모임에까지 질문 영역이 넓어졌다. 새벽에 인문 고전 읽기 모임을 진행하고 있었다. 온라인으로 새벽에 모여서 독서한다니, 생각지 못한 세상들을 연달아 알게 되었다. 코로나로 새벽 기도를 중단한 상태였다. 솔깃했다. 2021년 8월 휴가 다녀와서 선생님에게 연락했다. 어떻게 하면 함께할 수 있는지 물었다. 천병희 선생님의 『오디세이아』로 모임을 진행하고 있었다. 예전에 대충 읽고 오브제로 놓여 있는 책이었다. 개정판과 페이지가 약간 다르고 번역도 조금 달라졌지만, 읽는 데 무리가 없었다.

새벽 독서 모임은 신세계였다. 새벽 5시. 여름이라 환하긴 하지만, 상당히 이른 시간이다. 대여섯 명이 모여서 정해진 분량을 읽고 이야기를 나눴다. 아직은 낯선 이들이 들려 주는 사유의 과정이 매력 있었다. 그간 줌을 간혹 사용하기는 했지만, 적극적으로 활용할 생각은 하지 못했었다. 또 하나의 세계가 열렸다는 것이 실감 났다. 모임에 뒤늦게 들어가서 적응하는 것은 쉽지 않다. 그런데 선생님은 모임이 정체되지 않으려면 사람이 들고 나는 게 좋다며 환영해 주었다.

대면 독서 모임도 소개해 주었다. 토요일 아침 7시에 열리는 철학 모임인데, 1년 넘게 니체의 책을 읽고 있다. 철학적으로 깊게 들어가는 부분이 있어 신입 회원은 거의 모집하지 않는다고 했다. 평소의 나라면 더 이상 물어보지 않았을 것이다. 철학 대학원에 다녔다고, 중간에 들어가도 따라갈 수 있다고 강하게 어필했다. 토요일 아침 8시 수업이 없어져서 10시까지 여유가 생긴 것도 시기상 맞아떨어졌다. 2021년 9월 11일 토요일 모임에 처음 참석했다.

토요일 아침 7시, 모임 공간을 빌려 이렇게 열띤 독서 모임을 하고 있는데, 같은 하늘 아래 살면서도 몰랐다. 세상에는 열정이 넘치는 사람이 많다는 것을 새삼 알게 되었다. 내 소개를 하자마자 질문을 받았다. "철학 전공이 뭐예요?"였던 것 같다. 10여 명이 빙 둘러앉아 나를 주목하고 있었다. 아직 엉덩이가 의자에 완전히 밀착되지도 않은 상태였다. 미셸 푸코의 '자기 배려'에 매료되어 논문을 쓰다 중단한 지 딱 1년 된 시점이었다. 포기한 데에는 여러 가지 이유가 있었다. 시어머니가 위독한 상태였고 둘째가 고3이었다. 무엇보다 논문에 몰입할 시간이 부족했다. 30퍼센트 정도 쓰다 깊이가 부족하다고 교수님께 지적받았다. 더 공부하는 대신 논문을 잠정 중단했다. 1년 전에 책을 덮은 후 잊고 살았다. 예리하게 물어봐서 대답 못 했다. 첫날부터 밑천이 드러나서 상당히 부끄러웠지만 편했다. 아는 척하지 않아도 됐다. 오래 얼굴이 화끈거리기는 했다.

니체는 생소했다. 『차라투스트라는 이렇게 말했다』는 책장에 있었지만 훑어본 수준이라 까막눈과 다름없었다. 전체 4부 중 3부부터 합류했다. 오래된 책이라 번역도 다르고 페이지도 달라서 새 책을 샀다. 리더는 한 글자 한 글자 허투루 넘어가는 법이 없었다. 한쪽 해석하는 데도 2시간이 훌쩍 넘었다. 아침 7시에 시작해서 보통 9시 30분에 마친다고 들었는데, 그 시간에 끝난 날은 거의 없었다. 토요일 오전 수업이 있는 나는 매번 먼저 나와야 해서 마무리를 함께 하지 못한다.

모임 시간은 탄식과 자괴감을 번갈아 가며 느끼는 시간이다. 어원 하나하나 분석하고 논문을 찾아 풍성한 해석하는 것을 들을 때마다 뇌가 시원하다. 토요일은 수면 시간이 절대적으로 부족한 날인데도 불구하고 피곤할 줄 모르고 모임에 참석한다. 모임 공간 11층에서 해 뜨는 모습을 바라보며 독서 모임을 한 지 벌써 2년이 다 되어 간다. 원래 격주 모임이었는데 내가 들어가고 얼마 지나지 않아 매주 토요일에 모이고 있다. 어쩌다 토요일에 불가피하게 빠지는 날은 '진도 조금만 나갔으면' 바랄 정도다.

다른 대면 독서 모임은 격주 목요일 오전에 있다. 리더의 블로그에서 그동안 읽을 도서 목록과 앞으로 읽을 책을 훑었다. 학창 시절에 읽었던 문학책도 있고, 대학원 다니면서 접했던 철학 관련 도서도 있다. 2021년 12월에 처음 참석했다. 새로운 사람을 만날 때는 늘 그렇듯 조금 두려웠지만, 책이라는 매개체가 있어 그다지 어렵지 않았다.

열정은 전염된다. 보균자이면서 감염자가 되어 여기저기 열정 바이러스로 관련자들을 감염시킨다. 박미선 선생님에게서 발견한 열정이 박혜

정 선배로 또 다른 작가로 이어졌다. 나는 그간 보균자일 뿐이었다. 책에 대한 바이러스를 품고 있지만, 표출하는 채널을 몰랐다. 나만 충만할 뿐, 주위를 책으로 감염시키려는 노력을 하지 않았다. 열정 보유자끼리의 결합은 화학 반응을 유도한다. 열정 폭발이 연쇄적으로 일어난다.

2021년, 가장 치열했던 코로나 현장에서, 결이 다른 치열함을 만났다.

4. 온라인 세상의 리더로 서다

그리스 로마 신화를 읽는 온라인 독서 모임에 참여하면서 고전 독서량이 켜켜이 쌓이기 시작했다. 주먹구구식으로 읽던 그리스 신화에서 시작해 로마 신화로 넘어가, 철학으로 발전했다. 호메로스의 『일리아스』, 『오디세이아』, 베르길리우스의 『아이네이스』, 헤로도토스의 『역사』, 투키디데스의 『펠로폰네소스 전쟁사』까지 죽 이어졌다. 신화 속 주인공들에게 감정이입을 하며 신나게 읽었다. 같은 주제로 다양한 이야기를 할 수 있는 이들을 만나는 기쁨이 컸다. 목요일 수업이 늦게 마쳐 자정이 다 되어 퇴근해도 정해진 분량만큼 읽고 참석했다. 새벽 5시에 모임에 참가하려면 4시 50분에는 일어나 고양이 세수라도 해야 했다. 눈이 뻑뻑해 눈을 뜨고 있는 게 힘들 때도 있었지만 그만큼 좋았다.

매년 연말 연초에 가족들이 모여 한해를 정리하고 새해 계획을 세운다. 새해에는 어떤 목표를 세울까. 무엇을 할 수 있을까. 온라인 독서 모임에 생각이 미쳤다. 줌 사용이 익숙하지 않았지만, 리더로 모임을 운영해 보는 게 필요하다는 생각이 들었다. '무엇'으로 줌을 열면 좋을까. 서양 고전을 읽고 있으니 동양 고전 읽기에 도전하기로 했다. 입시 국어 지문에서 자주 등장하는 동양 고전 목록을 정했다.

2022년 1월, 동양 고전 시리즈를 시작했다. 블로그에 '동양 고전 읽기 모임' 개설 소식을 게시판에 올렸다. 잠자던 블로그라 이웃이 별로 없었다. 다른 블로그에 찾아가 '좋아요' 표시 누르는 것도 조심스러워하는 내가 공지를 띄우다니. 조심스럽고 부끄럽고 자신 없었지만, 해 보기로 했다.

"살아 보니까, 실패한 것은 후회가 없더라."

실패했다는 것은 해 봤다는 증거다. 때가 안 맞아서 혹은 능력이 안 되어서 실패했을 수 있다. 그래도 해 봤기 때문에, 다시 할 수 있고 포기도 쉽다. 주저와 신중 그 사이 어디쯤인 성격이 발목을 잡을 때도 많았다. 반환점을 돌면서 삶을 돌아봤다. 실패한 것보다 하지 않은 일들이 더 괴로웠다.

'해 볼걸.'

답 없는 후회를 반복하고 싶지 않았다. 줌 정기권을 결제하고, 프로그램 운용하는 것을 익혔다. 몇 명이나 모집될까. 처음부터 유료로 운영했다. 무료로 운영하면 리더가 해이해질까 두려웠다. 줌 사용료도 고려했다. 커피값 정도면 부담 없을 거라고 판단했다. 한 달 2만 원으로 비용을 공지했다. 유료라서 진입 장벽이 있겠다 싶었지만 번복하지 않았다.

장자 사상에 매료되어, 철학 대학원에 입학한 대학원 동기가 있다. 동양 고전 읽기 온라인 독서 모임을 연다고 하니, 바로 참석 의사를 알려왔다. 회사에 다녀서 큰 기대를 하지 않았다. 학구적이라 여차하면 도움을 받을 수 있겠다 싶었다.

대학원에서 동양 고전을 전공한 지인에게도 연락했다. 같은 주제로 진행하는 다른 온라인 모임과 차별화하기 위한 전략에 조언해 줄 것이 있는지 물어보기 위해서였다. 열정이 넘치고 특별히 좋아하는 선생님이라 매주 온라인에서 얼굴 보면 좋겠다 싶은 욕심도 있었다. 새벽이라 참석이 불가능하다며 미안해했다. 사실 안도했다. 번데기 앞에서 주름잡는 게 얼마나 어려운지 알고 있기 때문이다. 대신 무조건 내가 하는 것은 잘될 거라며 톤을 높여 응원해 주는 목소리에 두려움이 조금 가라앉았다. 웃으며 전화를 끊었다. 1월의 밤바람은 찼다. 걸으면서 통화했는데, 통화 끝날 때쯤 만 보가 채워져 있었다.

사흘 후 '위시리스트'에 담아 둔 핑크 컵 세트가 도착해서 깜짝 놀랐다. 응원의 메시지와 함께 선물을 보낸 것이다. '모임에 참석하지 못하지만 언제나 선생님 편~ (♡)(♡)(♡)'라는 톡 메시지가 도화선이 되었다. 응원에 힘입어 [동고동락, 시즌 1] 『소학』 편을 시작으로 『명심보감』, 『채근담』,

『논어』, 『대학 · 중용』, 『맹자』 등을 사서까지 읽었다. 1년 정도 동양 고전을 진행했다. 꾸준히 할 수 있었던 것은 나를 믿고 모임에 따라온 이들이 있기 때문이다. 이후 동고동락 회원들이 한국사와 세계사를 해 달라는 요청을 했다. 2개를 열 수 있는 상황이 되지 않아 동양 고전에서 '교양 있는 어른들을 위한 역사'로 독서 주제를 바꿔 운영 중이다.

모임 리더는 쉽지 않다. 책만 읽고 참여하면 되는 모임은 편했다. 금요일 전날부터 긴장 상태로 준비한다. 도서를 기반으로 하되 어떤 이야기를 나누면 좋을까 고민하느라 때로 수면 시간이 부족하다. 가끔 눈에 실핏줄이 터지기도 했다. 오픈 채팅방에 다음 주간 범위 공지를 올렸을 때, 이모티콘 하나라도 올려 주는 회원이 고마웠다. 호응이 얼마나 중요한지 알기에 다른 단톡방에 글이 올라오면 즉각 답글을 보낸다. 책 읽을 수 있는 환경을 열어 준 모든 리더가 고맙다. 리더로 서 봐야 리더의 입장을 안다.

손가락 마디에 통증이 있어 병원에 다녀왔다. 키보드와 마우스를 장시간 쓸 때 아프다. 통증클리닉에서 물리치료를 받고 좀 나아진 듯했지만, 아침에 손가락이 부어 있다. 강의를 마치기 직전에 듣는 회원들의 마무리 소감이 내게 진통제다. 그 약에 중독되어 2년 넘게 모임을 하고 있다. 한 명이라도 나와 함께하는 한 모임은 계속할 것이다. 그 단 한 명이 '언제나 내 편'일 테니까.

5. 그림으로 만납니다

아들들이 군대에 있을 때, '매일 적금'을 넣었다. 큰아들 2천 원, 작은아들 3천 원. 제대 날까지 넣었던 금액으로 큰아들은 라섹 수술을 했고, 작은아들은 안검하수 교정을 했다. 백만 원 전후의 금액이지만 교육비만큼이나 뿌듯한 소비였다.

인터넷 은행 카카오 뱅크에 '26주 적금' 상품도 있다. 첫 주에 금액을 정하면 매주 같은 요일에 누적되어 26주에 만기 되는 상품이다. 요일별로 천 원에서 만 원까지 다양한 적금을 넣었다. 22주~26주 주간에는 목돈이 들어가서 힘들었지만, 6개월 정도 지나니 수백만 원이 모였다. 예금에 넣으려다가 내게 투자하기로 했다. 적금은 언제라도 넣을 수 있다. 한 살이라도 어릴 때 내 성장을 위해 사용하기로 했다.

어떻게 써야 소비에 대한 자긍심을 느낄 수 있을까. 아들들이 복학하기 전 '한시적 여유'였다. 일회성 소비보다 장기적인 안목을 높이는 배움에 투자하고 싶었다. 독서 모임에서 소개받은 미술사 수업이 생각났다.

창원에서 활동하고 있는 강사였다. 때마침 공지에 오프라인 수요일 수업을 개설한다는 정보가 있었다. 코로나가 소강상태라 대면 수업을 여는 듯했다. 수요일에 정해진 일정이 있어 잠시 고민했지만, 과감하게 다른 날로 바꾸고 미술사 수업에 등록했다. 미술사는 한 번에 20강 정도 결제한다. 목돈은 금세 푼돈이 되었다.

2022년 6월 첫 주 수요일 가로수 길에 있는 갤러리 카페에 갔다. 비가 제법 오는 날이었다. 돈을 입금했으니 주저하면 안 되는데, 발걸음이 조금씩 처졌다. 역시 시작이 어렵다. 입구에서 심호흡하고 카페에 들어갔다. 세미나실은 아담했다. 12개의 의자가 촘촘히 놓여 있었다. 갤러리에 걸린 작품들 스타일이 비슷하다고 여기며 화장실에 갔다. 홀에서 보던 그림들이 화장실에 있었다. 자세히 보니, 카페 주인장이 화가다. 구석구석 그림이 놓여 있었다. 냅킨에도 문짝에도 소품 같은 그림 액자가 인상적이었다.

강사부터 자기소개를 시작했다. 나머지 11명의 수강생도 돌아가면서 각자 인사했다. 수업에 오게 된 다양한 이유와 경로를 들었다. 연령대를 보니 내가 중간 정도였다. 낯선 이들이 비슷한 목적으로 그 자리에 왔다. 사람 관계를 처음 시작할 때 첫인상이 중요하다. 결이 같은 이들과 어쩌면 오래 갈 인연이 될 수도 있겠다고 생각했다. 첫 느낌이 좋았다.

수업은 르네상스 시대부터 시작했다. 수강생들이 쉽게 접근할 수 있고, 여행지와도 잘 연관되기 때문이라고 했다. 미술 작품에 얽힌 여러 이야기를 듣기도 하고, 이름만 알던 화가들의 삶을 전해 들었다. 어떤 화가에게는 그림이 전부였다. 다른 화가는 명성에 연연하지 않고 성실하게 그림을 그렸다. 새로운 것을 찾기 위해 안간힘을 쓰는 화가도 있었다. 시대별, 문화별로 자신이 살던 시대를 그림으로 조각으로 표현한 삶을 보며, 화가의 인생을 잠깐 엿본다.

드론으로 찍은 세계 미술관을 보았다. 예전에는 방송팀이 비행기에 타 직접 영상을 찍었을 텐데 이제는 드론이 그 역할을 한다. 기술의 발달이 방구석에서 예술 관람을 할 수 있도록 돕는다. 구글 지도로 미술관 내부에 들어가 실시간 온라인 관람을 할 때도 있다. 커서가 당일 입장한 관람객 뒷모습을 따라 움직이기도 한다. 화소가 좋은 그림은 배율을 확대해 붓 터치까지 섬세하게 본다. 매주 다음 여행지가 업데이트된다. 미술 자료가 많아 한 번에 숙지하기 힘들었다. 미술은 시간이 필요한 배움이다. 매주 조금씩 나아지겠거니 한다. 현대 미술을 아예 몰랐다. 난해해서 딱히 보려고도 하지 않았는데 지금은 조금이라도 현대 미술을 접하려고 노력한다.

처음 '서양 미술사' 수업을 시작할 때 수강생은 10여 명이었다. 미술사 자체가 워낙 방대해 놓치는 내용이 많았다. 함께 복습하면 유용하지 않을까? 단순하게 생각했다. 강사가 소개한 책을 함께 읽으면 어떨까? 수업을 마치고 일어서는 수강생들에게 미술사 책 읽는 모임을 제안했다. 미술에 관심이 많지만 잘 모르니 함께 알아 가면 어떻겠느냐고. 4명이 그 자리에서 응했다.

격주 화요일에 만나는 미술사 읽기 모임 '꼬꼬독'은 그렇게 만들어졌다. '꼬꼬독'은 꼬리에 꼬리는 무는 미술 독서를 줄인 말이다. 미술사 책으로 일단 시작하기로 했다. 미술보다는 역사를 좋아해서 시작한 일이었다. 회원들이 미술관 정보와 미술에 관련 기사 등을 수시로 채팅방에 올린다. 정보를 주고받느라 바쁘다. 어떤 날은 미술에 관한 수다로 책 진도는 뒷전이다. 한 회원은 여러 나라 미술관에 다녔던 경험을 전해 주었다. 세계사와 고전을 강의하는 회원은 그간 강의했던 내용으로 풍성한 설명을 보탠다.

책으로 정보를 얻고, 사람을 통해 경험을 얻는다. 그리고 꿈을 꾼다. 함께 외국을 누비며 실물을 접하는 꿈을 꾼다. 이탈리아에 가고 싶다는 열망이 통했다. 같은 관심사를 갖고 있고, 비슷한 결을 가진 우리가 이탈리아 여행을 계획하기 시작했다. 혼자만의 열정으로 막연히 꿈꾸던 일이 일어나려 하고 있다. 미술 호기심으로 뭉친 우리라서 여행도 알찰 것 같다.

국립중앙박물관에서 특별 전시회가 열릴 때마다 이촌동행 기차에 오르고 싶어진다. 그림은 처음엔 눈을 즐겁게 한다. 오래 들여다보고 있으면 뇌가 시원해지고 전신에 쾌감이 퍼진다. 이 기쁨을 나만 아는 게 아니라 꼬꼬독 회원이 있어 행복하다. 우리는 그림으로 만난다.

6. 책이 명함이다

이탈리아 토리노 박물관에 가면 조금은 우습게 생긴 조각이 있다. 거기에 이런 글이 쓰여 있다.

"내 앞머리가 무성한 이유는 사람들이 나를 보았을 때 쉽게 잡기 위함이고, 뒷머리가 대머리인 이유는 내가 지나가면 사람들이 다시는 붙잡지 못하도록 하기 위함이며 발에 날개가 달린 이유는 최대한 빨리 사라지기 위함이다. 내 이름은 기회다."

그리스 신화에 나오는 '기회의 신'이다.

기회는 일회성일 수도 있지만, 어떤 일의 시발점으로 작용할 수도 있다. 뭉텅이 실타래 중에 끄트머리 실 한 가닥 잡아당겼을 때문인데, 그 실이 여러 길로 이어져 있을 때도 있다. 실이 이어지는 길을 따라가면 기대했던 결과를 얻을 수도 있고 그렇지 않을 수도 있다. 그런데 어떤 실의 끝도 실의 처음을 보고 알 수 있는 경우는 거의 없다. 기회가 사방 어딘가에 있다고 해도, 내 차례인지 아닌지 판단하기 어렵다. 드세게 달려드는 기회는 부담스럽다. 때로 두렵기까지 하다. 평소에 준비하고 있던 사람이라면, 판단이 빠를 수 있다. 기회라 생각하면 바로 낚아챌 것이다. 앞머리를 놓치면 뒤에는 잡을 수 없다. 기회가 바로 올지, 오래 걸릴지, 아예 오지 않을지 알 수 없다.

2019년 철학 대학원에 다닐 때, 윤리학 강의 과목은 매주 주제를 정해 발표하는 형식으로 수업을 진행했다. 윤리학 교수님은 내가 발표할 때마다 강의하면 잘하겠다고 말씀해 주셨다. 교수님은 대학 강의 해 볼 생각이 있으면, 김미경 강사처럼 책을 내라고 했다. 그때는 책이 명함이고 경력인 것을 몰랐다. 책을 어떻게 낼 수 있는지 알아보지 않았다. 대학원 다니면서 일하고 아이들 키우는 것만으로도 벅차 막연했다. 주변에 누구라도 책을 냈다면 달랐을까. 2년이 흘렀다.

한 작가가 준 책이 내게 시작이 되었다. 어떻게 책을 냈는지 물었다. 매달 '책 쓰기' 무료 강의가 있다며 관심이 있으면 듣고 판단하라고 했다. 2021년 10월 25일에 자이언트 특강 신청서 폼을 작성하고 기다렸다. 강의 시작 20분 전, 줌 주소가 문자로 도착했다. 강사 말투가 강했다. 작정하고 듣지 않아 그다지 자극이 되지 않았다. 매달 무료 강의가 있다고 했지만, 그 후로 신청하지 않았다. '작가'라는 장벽은 높았고 먼 미래의 일이었다.

글쓰기를 할 수 있는 다른 방법을 찾으면 되지 않을까. '40일 새벽 글쓰기'에 도전했다. 매일 1편씩 써서 40꼭지를 채우면 책 한 권이 된다. 연말을 40일 남겨 둔 시점이었다. 쓸 수 있을 것 같아 모임을 신청했다. 일주일 정도는 A4 1장 정도씩 썼다. 20일 정도 지났는데, 글이 쌓여 가지 않았다. 피곤한 날은 줌에 접속하고도 앉은 채로 꾸벅꾸벅 졸기도 했다. 무엇을 쓸 것인가에 대한 고민을 진지하게 하지 않고 시작해서 과정도 신통치 못했고 결과도 없었다. 나는 '글 샘'이 마른 게 아니라, 처음부터 글감이 고이는 시스템이 없었다. 글쓰기에 대한 간절함도 없었다. 쓰면 좋고 아니어도 당장은 손해 볼 것이 없었다. 아니, 없다고 생각했다. 시간이 계속 흘러가고 있다는 것을 놓쳤다.

1년이 지났다. 시간이 뭉텅뭉텅 지나가 버렸다. 그즈음 송주하 작가의 전화를 받았다.

"샘, 자이언트 수강료 곧 인상된대요. 샘이랑 꼭 같이 글 썼으면 좋겠어요. 샘 같은 사람이 글을 써야지, 누가 써요?"

설렜다. 글 쓰지 않고 어영부영 시간이 갔다. 쓸 기회가 생기면 붙잡자고 내심 작정했는데 송 작가의 전화가 트리거가 되었다. '나도 기대하지 않는 나'에게 누군가가 작가가 될 수 있다고 한다. 안 되더라도 해 봐야 할 것 같았다. 독서 논술 관련 수업을 오래 해서 글을 좀 쓸 거라는 오해를 자주 받는다. 기대가 두려워 선뜻 시작하지 못했다. 오랜 시간 건조한 글을 쓰도록 했고, 그런 글들을 자주 접했다. 사람도 표현도 덩달아 건조해졌다. 한때는 문학소녀였는데, 감성은 20년 세월을 따라 태양계 너머 어딘가로 가 버렸다.

마침 자이언트에 전자책 강의가 개설되었다. 전자책으로 교재를 만들려고, 알아보던 중이었다. 책 쓰기에 전자책 강의가 포함된다고 했다. 더 이상 재면 기회비용마저 날릴 수 있었다. 신청 폼을 작성했다. 2022년 10월 정규 과정에 입과했다.

기회를 놓치고 후회하면서 배웠다. 실패해서 후회하는 것은 일시적이다. 경험치를 추가할수록, 다음에는 시행착오가 덜하리라 믿는다. 나처럼 망설이는 이들에게 일단 해 보기를 권한다. 주어진 기회를 잡지 않았다면 혹은 실패해서 잠시 낙담했다면 툭툭 털고 일어나면 된다. 실패를 비난하는 이들의 말보다 응원하는 이들이 더 많았다. 적어도 내 지인들은 그랬다. 고개를 들 힘으로 허리를 세우려고 한다. 그다음 다리에 힘을 집중하면 된다. 비틀거리며 일어서려는 노력은 꿋꿋하게 서 있는 것과 다르지 않음을 잊지 않으려 한다. 굳은살은 그렇게 쌓인다.

7. 작가로서의 첫걸음

매월 격주에 모이는 '딜레땅뜨' 독서 모임이 있다.

"독서 모임 마치고 잠깐 시간을 낼 수 있어요?"

리더의 톡이 왔다. 모임 시작할 때 리더가 간단히 점심 먹으며 얘기하자고 공지했다. '아, 나만 보자는 게 아니구나.' 김밥과 떡볶이를 앞에 두고 7명이 둘러앉았다. 무슨 내용일까 궁금했지만 기다렸다. 얼추 다 먹어 갈 무렵, 리더가 입을 뗐다. 딜땅 모임을 하면서, 책을 함께 냈으면 하는 생각이 들었다고 했다. 꾸준히 나오는 사람이 평균 7명, 인당 6편씩 쓰면 책 한 권을 낼 수 있으니 공저를 내자고 제안했다. 뜻밖의 제안이었다. 글쓰기 모임에 입과한 지, 48시간도 지나지 않아 다른 모임에서 글쓰기 제안이 들어오다니. 절묘했다. 기회가 몰아서 왔다.

1년 전에 이런 제안을 받았다면 내 대답이 어땠을까. 일단 생각해 보겠다고 할 것이다. 어쩌면 자신 없음을 이유로 참여하지 않겠다고 했을 수도 있다. 하지만 주저하지 않기로 했다. 이미 1년을 버렸고 시간은 어떤 것으로도 만회할 수 없다. 기회는 반질거리는 뒤통수만 보이고 언제 사라질지 알 수 없다. 바로 해 보겠다고 했다. 한 명이 6개 꼭지만 쓰면 된다는데 못 쓰랴 싶었다.

초고는 빠르게, 퇴고는 여유 있게!

두 달 안에 모두 끝내기로 했다. 나와 비슷한 시기에 모임에 합류한 회원이 개인 일정으로 주저하는 모습이 보였다. 나도 심장이 널뛰는 상태라 해 줄 말이 없었지만, 망설이면 후회할 것 같으니 함께 하자고 했다. 혹시 책 출간이 무산되더라도 공저 진행 과정을 알 수 있을 것이다. 배울 기회가 왔을 때 배우기로 했다. 후에 쓸 일이 있든 없든, 경험이 내 무기가 될 것임은 자명하니까.

1차 모임에서 독서 모임의 '무엇'에 대해 쓸지 의논했다. 대주제를 잡고 세부 목차를 의논했다. 이것저것 의견을 내고 조율하는 과정이 즐거웠다. 이미 책을 낸 작가들이라 그런지 여러 각도로 접근하는 방식이 예사롭지 않았다. 경험이 다양한 만큼 질문도 날카로웠고, 예상 문제 뽑듯, 앞으로 겪게 될 난관들을 죽 얘기했다. 예비 작가인 나는 입 조금 벙긋거리다가 말았다. 나를 주시한 이가 있었다면, 선배 작가들을 바라보는 내 두 눈에 경탄이 섞여 있었음을 알아차렸으리라. 초보가 낸 서툰 의견들은 허공으로 흩어질 때도 있었지만, 그마저도 그 자리에 있기에 즐거웠다.

인스타에서 남궁민이 인터뷰하는 영상을 봤다. 무명 시절만 15년이었다는데, 기회가 없어서 그동안 주연을 못 맡은 줄 알았다. 아니었다. 오히려 연기를 너무 못해서 무명 시절에 감독에게 욕을 많이 먹었다고 했다. 자신이 욕받이가 된 기분이었다고. 그런데 연기가 재미있어서 욕을 먹어도 행복했다고 한다. 클로즈업된 남궁민의 얼굴에서 연기에 대한 애정이 화면 밖으로도 흘렀다.

나 역시 책을 기획하는 자리에 있는 것만으로 행복했다. 학원허가 문제로 구청 등 관공서 여기저기를 다니느라 일정이 빽빽한 상태였지만, 피곤을 거의 못 느꼈다. 키보드를 두드리며 글을 쓸 작가가 된 내 모습을 그려보았다. 작가라는 미지의 영역에 한발 다가서고 있었다. 혼자가 아니었다. 작가들 무리에 있으니 바짝 긴장되면서 이들과 함께라는 믿음에, 동지애는 생기자마자 두터워졌다. 어느 무리에 있느냐에 따라 나도 달라진다. 작가 무리에 한쪽 발을 디밀었다. 반대쪽 발, 순차적으로 몸통, 머리까지 온전히 들어갈 때까지 꾸준히 들이밀 것이다.

각자 7편의 초고를 쓰고 짝꿍 퇴고를 시작했다. 첫 짝꿍과 글을 바꿔 읽고 깜짝 놀랐다. 나와 전혀 다른 장소에서 태어나고 자랐는데, 글의 흐름이 거의 비슷했다. 첫 짝꿍이 아니었으면 전체 내용을 베꼈다고 착각할 만큼. 짝꿍 작가도 무척 놀라워했다. 한동안 우리는 글이 아니라 우리 삶을 이야기했다. 어린 시절의 형편과 책에 빠져든 시간, 성장통까지 많은 것이 닮았다. 평행선으로 각자의 삶을 살다 갔을지도 모를 인생이다. 그런데 '딜땅'이라는 교차로에서 만났다. 해를 따라가며 고개를 트는 해바라기처럼 각자의 현실에 뿌리를 둔 채, 같은 방향으로 향하고 있었다. 삶을 살아내면서 온갖 길을 지나칠 것이다. 그 길 위에서 동질감을 느낄 수 있는 사람을 만나는 건 희귀한 광물을 소장하는 것과 같다. 비록 그 광물이 값어치 나가는 보석으로 가공되지 않았더라도, 비죽 튀어나온 거친 부분이 다소 있더라도, 그것을 알아보는 이가 있다는 것만으로도 가는 길은 넓어진다.

짝꿍 퇴고를 번갈아 하고 다시 전체 퇴고하면서, 누가 파트너냐에 따라 글의 관점이 달라진다는 것을 배웠다. 문장에 주목하는 이도 있고, 흐름에 집중하는 파트너도 있었다. 여러 번 퇴고를 거치니 읽는 호흡이 편해졌다. 민낯을 드러내는 일에 익숙하지 않아 얼굴이 화끈거렸었다. 연차가 쌓인 작가도 매번 글 쓸 때 산고의 고통을 느낀다고 했다. 그 고백이 내 부끄러운 열기를 식혔다. 2022년 12월 27일. 투고하고 일주일 만에 출간 계약되었다. 첫 출간 계약. 여기저기 자랑하고 싶었지만, 남편에게만 알렸다. 책이 나오던 날, 부끄럽지만 내가 먼저 나를 칭찬해 주었다. 동지들에게도 속으로 토닥거림을 전송했다. 마음 통째로 온전히 수신되었으리라 믿는다.

8. 당신의 이야기가 책이 됩니다

글쓰기 정규 과정을 시작했다. 주 1회 강의가 추가되었을 뿐인데 정신 없이 바빠졌다. 특강도 수시로 올라왔다. 저자 특강, 초대 특강 등등. 기 존 하던 독서 모임에, 수업에, 글쓰기 특강에 강의 쓰나미를 맛보고 있 다. 바쁘니까 다른 생각할 틈이 없었다. 매일 강의로 긴장하고 있으니, 갱년기도 쉽게 덤비지 못하고 주변부로 밀려나 있는 것 같다. 갱년기 증 상이 호시탐탐 위협을 하고 있지만, 아직 버틸 만하다.

글쓰기 1주 차 수업을 들으면 금방 글이 써질 줄 착각했다. 글 쓸 시간 을 미리 비우지 않으니 물리적 시간은 계속 부족했다. 글쓰기 순위는 계 속 밀렸다. 새로운 일을 끼워 넣는 게 쉽지 않았다. 2023년 가족들과 새 해 계획을 세울 때 '올해 책 출간'이라는 거창한 목표를 냈다. 연초니까 연말까지는 어떻게든 되리라 생각했다. 어떤 준비도 하지 않은 채, 1월이 지나갔다.

한 달 만에 책을 쓴 작가도 있고, 나와 비슷한 시기에 들어온 수강생도 공저에 참여해 작가 타이틀을 달았다. 오픈 채팅방에 출간 계약과 출간 소식이 올라올 때마다 양가감정을 느낀다. 축하 메시지에 부러움을 잔뜩 실어 보내고 초조해지려는 마음을 잡는다. 바짝 긴장해서 목표를 잡다가, 일상에 묻혀 해이해지는 것을 반복한다. 여전히 '예비 작가'로 살았다. 뭔가 배우고 있다는 만족감으로 쓸거리에 대해 구체적으로 생각하지 않았다. 같은 업종의 작가가 낸 책을 보고 '한발 늦었다.'라며 입맛만 다셨다. 톡방을 닫으면 작가와 상관없는 일상을 살았다.

그러다 '라이팅 코칭 과정' 설명회 소식을 들었다. '라이팅'을 못 하고 있지만, 코칭 과정은 궁금했다. 딱히 라이팅 코치를 하겠다고 작정한 것은 아니었다. 가시적인 결과물 즉 내 책이 아직 없는데, 코칭이라니. 왕초보가 왕초보를 끌고 가겠다는 것과 별반 다르지 않았다. '예비 작가'에 불과한 나에게 아직 먼 미래의 일일 뿐이었다. 마음을 접으려다가 설명회를 듣고 결정하기로 했다. 혹시나 미래에, 내가 책을 내고 작가가 된 다음에, 글 쓰고 싶은데, 시작을 힘들어하는 이들을 도울 수 있겠다는 마음이었다. 그래서 설명회에 참여했다. 미래의 나를 위해. 나 같은 이를 위해.

설명회를 듣고 살짝 들떴다. '작가 되기'만 꿈꿨다. 목표가 하나였는데, 약간의 시차를 두고 2차 목표가 생겼다. '작가 만들기'는 더 먼 미래의 삶을 생각하게 했다. 지금까지의 삶도 즐거웠다. 글쓰기 강의를 들은 뒤, 나는 10년 후도 설계하기 시작했다. 한 꼭지 쓰는 데 머리를 쥐어뜯고, 엉덩이와 의자의 마찰력을 수시로 느끼는 덕분에 삶이 더 생생해졌다. '라이팅' 초보지만, 마음이 프로가 되어 간다. 글 쓰고 책을 내는 과정 하나하나 손끝에 담고, 눈에 새기고, 마음에 저장하고 있다.

일주일 후 코칭 과정에 등록했다. 기간은 더 남아 있었지만, 미루지 않았다. 설명회를 듣지 않았다면, 결과가 달라졌을지도 모르겠다. 인생은 수많은 우연이 겹쳐 기회를 만들고, 필연으로 나아간다. 설명회 날 마침 수업이 없었고, 집중해서 들을 준비가 되어 있었고, 혹시나 하는 마음이 강했다. 1기라는 타이틀, 1기라서 할인, 1기라는 어감까지 많은 요소가 필연으로 엮였다. 1기 강의료나 2기 강의료가 같았다면, 다음에도 기회는 있으니까, 다음 버스 기다리는 마음으로 넘겼을 수도 있다. 적은 금액이 아니니 일단 신중해야 했다. 수강료를 들였으면 성과를 낼 각오가 되어 있어야 했다. 이건 사업이다.

설명회 듣고 남편에게 물었다. 사업한다면 기본 자금은 얼마나 들까. 내가 새로운 일을 벌이면 최소 어느 정도의 비용으로 시작할 수 있을까. 남편이 말한 금액은 훨씬 더 컸다. 사업하려는 이에게 이 정도 금액은 투자할 만한 금액이라고 생각한다. 3일 정도 시간을 두었지만, 사실 마음의 저울은 기울었다. 코칭 세계를 맛보고 싶었다. 글쓰기 강사의 결과물이 실력이고 경력이다. 매달 매주 정해진 시간에 강의를 꾸준하게 하는 성실함에 투자했다. 코칭 과정 수료 후 당장 코칭을 시작하지 않더라도 '조금 비싼 수업료'를 당겨서 낸 걸로 치기로 했다.

식당을 운영하는 지인에게도 물었다. 경영에 진심인 그녀는, 내가 글쓰기 코칭 과정을 들을까 하는데 비용이 좀 세다고 말하자마자 대답했다. 자신이 매해 마케팅 공부하는 비용보다 싸다고. 배우지 않으면 새로워지는 환경에 적응하지 못하고 도태된다. 코로나에도 적극적으로 새로운 길을 모색해 식당을 지켜 내고, 2호점 확장 계획을 차근차근 밟아 가는 그녀는 빛났다.

두 번의 질문을 끝으로 더 이상 고민하지 않았다. 자극제로 사용하기로 했다. 그동안 미뤘던 개인 저서를 진행하기로 마음먹었다.

원고는 꼭지마다 A4 1.5~2매 분량을 채우는 게 원칙이다. 글의 주제를 정하고 목차를 짠 뒤 쓰면 된다. 선배 작가들은 초고는 단숨에 쓰되 분량만 채우면 된다고 한다. 그런데 초보 작가는 계속 앞의 글에 시선을 준다. 초고부터 고치기를 반복하면 한 꼭지를 완성하는 데 일주일이 걸리기도 한다. 글감이 있어도 이전의 기억을 소환하고 정리하면서 또 시간이 소요된다. 매일 최소 2시간 정도는 확보하고 글을 써야 하는데, 물리적으로 시간을 빼기 쉽지 않았다.

급하지 않은 일정은 최대한 뒤로 미뤘다. 운동 전후에 30분씩 글을 썼다. 개인 초고를 작성할 수 있도록 시간을 조율했다. 반쪽이라도 쓰자는 간절함이 통했을까. 초고가 쌓이기 시작했다. 금방금방 시험 기간이 돌아와 자체 마감 시간을 훌쩍 넘겼다. 1~2주 정도 지나 원고를 보면 새로웠다. 언제든지 손 털면 된다는 말을 사직서처럼 품 안에 품고 다녔다. 포기를 매일 유예했다. 포기는 쉽다. 쉬운 것은 나중에 하고, 일단 글을 끝까지 쓰기로 정했다.

누구에게나 물리적인 시간 '크로노스'는 동일하다. '카이로스'는 기회이기도 하고, '특별한 시간'을 의미하기도 한다. 크로노스의 세계에서 특별한 시간을 만드는 것은 개인의 몫이다. 나는 글쓰기로 찰나를 잡아채고 카이로스의 시간을 만들어 가고 있다. 아들들에 대한 글을 쓸 때, 그때로 돌아가 울고 웃다가 현실로 돌아오기도 했다. 정성적 시간이 쌓인, 저장하고 싶은 특별한 시간은 누구에게나 있다. 글쓰기 코치로서 각자의 '카이로스'를 글로 저장하도록 돕고 싶다. 내 이야기가 책이 되듯, 누군가의 이야기도 책이 되기 때문이다.

빈 둥지 빌드업 RGPD법 P단계

준비(Prepare) 단계: 마련하기

1. 건강 지키기: 빈 둥지를 겪을 시기에는 신체 노화도 동반된다. 검진을 통해 현재 건강을 체크한다.

2. 시간 비우기: 하고 싶은 일과 배우고 싶은 일에 대한 정보를 파악해 시간을 조율한다.

3. 재정 채우기: 무료 강좌를 적극적으로 이용하되, 유료 강좌에 참여하기 위한 최소한의 재원을 마련한다.

4. 거리 알아 두기: 가까운 곳이라면 상관없겠지만, 거리가 있는 곳에 가야 한다면 사전 조사가 필수이다. 대중교통을 이용할 수 있는지 주차장이 있는지 알아 두면 진입 장벽이 낮아진다.

5. 마음먹기: 시작하면 별거 아니지만, 유난히 처음이 어려운 사람이라면 마음을 단단히 먹는 것이 중요하다. 아무리 좋은 일이라도 마음이 움직이지 않으면 시작이 어렵다.

제5장

빈둥지증후군
빌드업 프로젝트

1. 삶은 빌드업이다

'빌드업 프로젝트'란?

"삶은 빌드업이다. 삶을 기획하고 실행하며 무에서 유를, 유에서 더 나은 유를 만든다. 선천적인 재능을 발전시키거나 꾸준한 인내로 원하는 무언가를 이루기 위해 쌓아 가는 작업이다. 꾸준한 운동으로 건강을 지키고, 배움을 통해 어제보다 나은 내일을 만들어 가는 것이다."

라디오에서 유난히 '빌드업'이라는 단어가 도드라졌다. 축구에서 먼저 사용한 용어로 패스에서 드리블, 돌파로 이어지면서 공격을 전개하는 과정이 결국 골로 이어진다. 한방에 넣는 골이 아니라 골을 넣기 위한 과정을 쌓는다. 아무것도 없는 상태에서 원하는 것을 만들어 간다고 할 수 있다. 근육을 키우기 위해 처음부터 무거운 기구를 들면 무리가 온다. 4kg, 8kg, 10kg 덤벨로 팔 근육 키우듯 단계를 높이고 횟수를 늘려 가야 한다. 차근차근 빌드업하는 것이다.

　이전의 삶도 빌드업의 연속이었다. 책을 좋아해서 독서와 관련한 일을 시작했고, 잘하고 싶어서 닥치는 대로 공부했다. 구메구메 쌓은 시간과 노력으로 조금씩 자랐다. 의도이든 습관이든 빌드업은 유형과 무형의 결과물을 낸다. 시간 단위만 다를 뿐 누구나 자신의 삶을 기획하고 매시간, 매일, 매주, 매년 단위로 실행한다. 한 방이 아니라, 남이 알든 모르든 꾸준히 쌓고 어제의 나보다 조금 나아진 나를 위해 과정을 즐긴다. 글을 쓰면서, 그림을 그리면서, PT를 받으면서 '빌드업'을 체득 중이다.

　삶을 빌드업하기 위한 가장 빠르고 쉬운 방법은 여러 가지가 있겠지만, 내 경우에는 책 읽기였다. 어린 시절에는 놀거리와 볼거리가 한정적이었다. 친구네 집에 가면 우리 집에 없는 게 많았다. 그중 피아노와 책이 가장 부러웠다. 가진 자는 여유롭다. 기회를 미룰 수 있다. 어쩌다 책을 볼 기회를 가진 나는, 친구들이 놀 때 친구의 책장으로 파고들었다. 새 책이 쩍쩍 갈라지는 소리에 쾌감을 느끼며 읽기 맛에 중독되었다. 아는 척으로 친구들의 감탄 어린 시선을 받을 때의 짜릿함에 매료되었다. 초등 고학년부터 일찌감치 '책 잘 읽는 아이'로 내 값어치를 매김 했다. 더구나 책은 재미도 있었다. 재미가 없었다면 멈추고 다른 놀거리를 찾았을 것이다. 어디든 책을 구하기 쉬웠고 막막한 현실을 잊는 '호흡'이었다.

　전라도에서 살다 결혼 후 경상도로 왔다. 다니던 직장을 그만두었고,

친정 식구들뿐 아니라 친구들과도 떨어졌다. 남편은 당시 새벽에 출근해 밤늦게 퇴근했다. 부른 배로 혼자 시장에 다니며 경상도 언어를 배웠다. 출산과 유산, 출산. 30살 전에 두 아이 출산을 마쳤다. 아들들이 어린이 집에 다니면서 숨 쉴 틈이 생겼다.

뭐라도 해야 하는 시기가 왔다. 이전 삶의 일부 혹은 전부를 물갈이하는 기회이기도 했다. 결혼 전에는 전산 업무를 했다. 공대 나왔다고 하면 주변에서 수학 과외를 권했다. 고등학교에서 대학 진학할 때도 비슷했다. 취직이 잘되니까 이과 가라, 컴퓨터 관련 일이 뜬다더라 등. 이전까지는 어른들이 권유하는 대로 살았다. 엄마로 새롭게 사는 인생, 설계하기로 했다. 당장 큰돈을 벌 수 없더라도 좋아하는 일을 하고 싶었다. 창원 문화원에서 독서 지도사를 양성한다는 전단지가 시작이었다. 비용과 커리큘럼을 살폈다. 위치도 가까웠다. 그렇게 시작한 독서 관련 일이 어느새 20년이 넘었다.

다시 '뭐든지 해 봐야 할 시기'가 닥쳤다. 코로나와 육아 퇴직이 동시에 찾아왔다. 갑작스러운 정전은 미처 대처할 시간 없이 주위를 어둠으로 물들인다. 코로나도 그랬다. 팬데믹 시대를 살아남기는 어떤 면에서는 분명 제한적이었다. 숨죽이며 기다리다 뭐라도 하기 시작했다. 어둠에 익숙해지는데, 6개월이 걸렸다. 나는 움직였다. 서툴고 막막했지만, 온라인 세계로 발을 뻗었다. 한 발은 현실에, 뭐든 하려고 디딘 다른 발은 분명 의미가 있었다.

삶을 빌드업하는 방법은 다양하지만 대체로 다음과 같다.

첫째, 목표를 설정한다. 목적지가 있어야 어디로든 움직일 수 있다. 원하는 것이 무엇인지 찾고, 그것을 얻기 위해 무엇을 해야 하는지 생각한다.

둘째, 자원을 파악한다. 사람마다 가진 능력은 다르다. 강점과 약점을 파악해 강점을 키우고, 약점을 극복할 방법을 찾아야 한다.

셋째, 시간과 물질을 관리한다. 목표를 정하고 할 일을 계획하고 시간과 물질을 효율적으로 배치해야 한다.

넷째, 꾸준히 배운다. 변하는 속도를 예측하는 순간 낡아진다. 새로운 지식이나 기술을 적극적으로 습득해야 한다.

다섯째, 긍정적인 태도를 유지한다. 한 번에 되는 일은 많지 않다. 실패는 언제든 올 수 있다. 시행착오를 경험으로 받아들이는 긍정적인 태도가 필요하다.

자신에게 필요한 방법들을 골라 적용하면 된다. 개인적으로 긍정적인 태도를 유지하는 연습하는 중이다. 좋은 일이 있을 때 밝은 분위기를 유지하기는 쉽지만, 그 반대는 당연히 어렵다. 그래서 매일 연습이 필요하다. 또 과감하게 시도하는 적극적인 태도를 가지려 한다. 실패하지 않으려고 지나치게 신중해, 좋은 기회를 종종 놓쳤다. '신중과 시도' 사이의 간극을 조절하는 게 언제나 내게는 가장 큰 숙제이다. 그럼에도 불구하고 나는 구메구메 삶을 빌드업한다.

2. 뭐든 해야 한다

손 안의 컴퓨터인 스마트폰에는 세계가 들어 있다. '이런 것도 있을까?' 하고 검색해 본다. '있다!' 온라인 세상에 없는 것이 거의 없다. 현재 사는 지역부터 우리나라, 지구 반대편까지 마음만 먹으면, 시차 없는 세상을 누릴 수 있다. 우선 할 일이 있다. 좌표를 설정해야 한다. 검색하려고 인터넷에 접속하면 '위치 정보에 동의'라는 팝업창이 뜬다. '내 위치'에 동의해야 원하는 것을 찾을 수 있다. 적절한 검색어도 중요하다. 적확한 것을 선택했을 때, 원하는 것에 더 가까이 다가갈 수 있다.

마찬가지로 '나만의 기회'를 당기고 싶을 때, 현재 위치를 파악하고 검색어를 넣으면 된다. 원하는 것을 알아야 방향을 정할 수 있다. 단 무엇이라도 해 봐야겠다는 의지가 먼저다. 손을 움직여 폰을 꺼내고, 비밀번호를 푸는 수고가 필요하듯, 의지가 있어야 움직인다. 시작 위치를 기록

해 두면 비교할 수 있어 얼마나 성장했는지를 알 수 있다. 선생님이 처음 수업하는 학생을 테스트하는 이유는 실력도 파악하고 각자의 현재 위치를 스스로 인지토록 하기 위함이다. 그 후에 최종 목표를 정하고 시간과 노력을 쌓는다. 그래프가 나오는 문제처럼 x축과 y축을 확인하고 두 선의 교차점을 파악하고 문제를 풀기 시작하는 것이다.

아이들이 성장하면, 엄마의 역할이 줄어든다는 것을 머리로는 알았다. 막연하게 생각했던 일들이 성큼 다가왔다. 마음의 준비와는 차원이 달랐다. 미어캣처럼 아이들만 바라보는, 다정하고 섬세한 엄마가 아니었는데도 마음이 허했다. 몸은 편했지만, 늘 함께 있던 아이들을 자주 볼 수 없는 상실감은 생각보다 컸다. 매일 아이들이 그리운 것은 아니었지만, 가슴 한쪽이 뚫린 기분이었다. 그리움을 아이들에게서 독립할 에너지로, 강력한 동기로 삼기로 했다. 현재 좌표를 찍었다. 내가 사용할 수 있는 자원을 파악했다. 오전 시간과 한시적 경제 여유. 내 자원이었다. 하고 싶은 일을 찾기 시작했다.

의지, 물리적 시간, 경제적 여유, 이 3가지가 준비되면 원하는 일을 시작하기 쉬워진다.

우연히 '좋은 습관을 위한 특급 비법'이라는 타이틀이 달린 유튜브 방송을 봤다. 방송인 신애라가 나와서 '우선순위'에 대한 이야기를 했다. 스티븐 코비의 '시간 관리 매트릭스'가 화면에 보였다. '중요하고 급한 일', '중요하지 않고 급한 일', '중요하고 급하지 않은 일', '중요하지 않고 급하지 않은 일'이 잘 정리된 표였다. 패널들에게 자신의 일상을 적어 보라고 했다. 한 패널이 '중요하고 급한 일'에는 주로 아이들 일이 있고, '중요하지만 급하지 않은 일'에는 엄마의 일이 있다고 했다.

아이들 등원시키고, 교육에 신경 쓰는 등 엄마의 자원이 자녀에게 치중되면, 엄마의 일상은 단순해진다. 운동을 포함한 건강 관리, 미래를 위한 배움에 대한 투자를 소홀하게 된다. 현재 육아 중인 부모라면 아이 일과 부모의 일을 분리하고, 현재 가능한 일을 찾으면 된다. 나처럼 육아 퇴직을 선언받았다면, 무엇을 하고 싶은지 고민하면 된다. 점차 '하고 싶다'를 '해 보자!'로 바꾸는 의지가 발전의 시작이다.

다음은 물리적 시간과 공간을 따로 마련하는 것이다.

스마트폰이 뜨거워지더니 어떤 터치를 해도 먹히지 않았다. 전원을 껐다가 켜니 작동이 되긴 했지만 불안했다. 껐다 켜는 횟수가 잦아졌다. '폰 저장 공간 분석'에 들어갔다. 256G의 폰 용량 중 96퍼센트가 사용 중이었다. 아뿔싸. 조금씩 폰에 저장된 것들을 정리해야겠다고 생각했는데, 급한 일이 아니니 순위가 계속 밀렸다. 6개월 뒤에 스마트폰을 바꿀 계획이지만, 당분간은 써야 한다. 이것저것 쓸모없는 어플들을 지웠다. 약간의 공간이 생기기는 했지만, 240G 아래로 떨어지지 않았다. 앱스 분석을 자세히 들여다보니 많은 부분을 차지하고 있는 것이 '카카오톡 데이터'였다. 이것을 지우면 30G 정도 살릴 수 있었다. 인터넷에 검색해 보니, '카톡 데이터'를 삭제해도 된다는 글이 있었다. 과감하게 삭제 버튼을 눌렀다. 잠시 후 머릿속이 하얘졌다. 모든 카톡 방이 닫혔다. 로그인이 되지 않았다. 카톡을 날렸다. 평온했던 휴가에, 시원했던 숙소에 열이 오르기 시작했다. 접속을 계속 시도하는데 손가락 끝이 덜덜 떨렸다. 저자 특강이 저녁에 있을 예정이라 어떻게든 살려 보고자 노력하다 결국 포기했다.

미뤘던 일을 만회하려고 서두르다 더 위급한 일을 만들었다. 매일 비우는 연습을 해야 새로운 것을 채울 수 있다는 것을, 중요한 정보를 날리고서 깨달았다. 다음 날 저녁, 대리점에 가서 카톡을 살렸다. 수습은 했지만, 단체 톡방의 중요한 내용과 미처 저장하지 못한 자료들은 회복할 수 없었다. 아까웠지만 그것은 내가 치를 비용이었다.

하고 싶은 것들을 위한 시간과 공간을 비워야 한다. 시간을 내지 못하게 하는 요소들을 찾고, 중요도에 따라 분류해 볼 필요가 있다. 수강 계획에 맞춰 다른 일정을 새로 짜야 한다. 온라인 수업이 아니라면, 동선을 계획에 넣어 시간을 책정해야 여유 있게 배울 수 있다.

집 한쪽을 정리해서 나만의 공간을 만드는 것도 필요하다. 내 경우는 아들 둘이 거의 동시에 집을 비워서 공간에 여유가 있었다. 어떤 작가가 온라인에서 자신만의 공간을 보여 줬는데 방이 아니었다. 거실에서 화장실로 가는 복도에 책상과 책장을 둬 만든 곳이었다. 방이라는 고정관념을 깨면 디지털 노마드로 여기저기 간이 공간을 만들 수도 있다. 중요한 것은 '채움을 위한 비움'이 수시로 이루어져야 한다는 것이다.

비움이 진행되고 있다면, 다음 단계는 '무엇을 채울 것인가'에 대한 고민을 해야 한다. 내 경우 코로나 시국에서 벗어날 탈출구가 필요했다. 손에 잡히는 것은 없었다. 코로나로 시작된 고립 상태를 벗어나서 새로운 것들로 채우고 싶은 욕구를 느꼈다. '기왕 이렇게 된 거 하고 싶은 거 뭐든 해 보자' 싶어 이것저것 찾기 시작했다. 그렇게 피아노에 입문했다. 지금은 여건이 안 맞아 쉬고 있지만 그리 절박하지는 않았다고 느낀다. 피아노 레슨이 중단되고 한 번도 피아노 앞에 앉지 않았다. 시간이 없어서일 수도 있지만, 피아노를 잘 치고 싶은 마음이 절절했다면 혼자서라도 꾸준히 연습했을 것이다. 그래도 언제든 다시 시작할 수 있다. 가능성은 남겨 두었다. 지금은 다른 좌표를 찾는 중이다. 뭐든 해 봐야 닻을 내릴 수 있을 테니까.

'무엇'에 대한 고민을 할 때, 혹은 고민하기 전에 먼저 할 일이 있다. 바로 '나를 위한 미니 자금'을 만드는 것이다. 경제적 여유는 추진기 역할을 한다. 아들들이 군대 가느라 번갈아 휴학할 때 한시적으로 경제적 여유가 생겼다. 두 녀석이 동시에 복학할 예정이라 고민하기는 했지만, 미래를 위해 현재를 저당 잡히고 싶지 않았다. 26주 적금으로 소소하게 모은

육아 퇴직 후 진짜 나를 만나게 되었다

돈이 뭐든 시작할 힘이 되었다.

　아이들 학원비를 댈 때는 목돈이 뭉텅 들어가도 아깝지 않았다. 부모로서 당연히 치러야 할 비용이라고 생각했다. 나를 위한 지출을 결정할 때는 신중해졌다. 손이 조금 오그라들기도 하고 나중으로 미룰 때도 있었다. 이번에는 시작부터 다르게 했다. 나를 위한 적금을 들었다. 내게 투자했다. 목적이 분명한 적금은 나를 위해 써야 할 당위성을 부여했다. 처음부터 통장에 고유한 이름을 붙이고, '중요하지만 급하지 않은 일'에 쓸 수 있도록 해야 한다.

　고등학생 아이들을 키우는 동생이 말했다.

　"언니는 참 언니에게 투자를 잘하는 거 같아."

　맞다. 책값, 서너 개 강좌 수강료, 미술 재료비, 독서 모임 관련 비용 등 적잖다. 외고와 체고에 다니는 아이 둘을 뒷바라지하는 동생은 지금이 가장 힘들 때라 내가 부러운 모양이다. 나 역시 그랬다. 아이들이 빨리 자라기를 기다렸다. 시간이 지나 내게 몰두할 수 있는 시간이 오기를 바랐다. 그때가 오면 무엇을 할지 구체적으로 상상도 했다. 스치듯 지나가 잊은 것도 있다. 기억을 되살리기 위해서라도 뭐라도 하는 수밖에 없다.

3. 소심한 사람의 시작법

'소심'의 한자 '小心'의 뜻은 이렇다. '조심성이 많음, 도량이 좁음, 마음 씀씀이가 작음'.

딱 나다. 벗어나고 싶은 단어인데, 반박하기 힘들다. 50년 생애 동반자답게 나를 적확하게 대변한다. 오 남매 중의 셋째로 26년을 살았다. 언니들과 동생들에게 치여 소심해진 거라고 묻지 않아도 해명한다. 움츠러들지 않기 위해 때로 몇 번이고 심호흡하는 나는 어디서든 당당하게 자신의 목소리를 내는 이를 보면 한없이 닮고 싶어진다.

소심한 성격을 가진 이들의 공통된 특성이 있다.

일단, 생각을 잘 표현하지 않거나 표현 못 한다. 싫은 소리도 잘 못 한다. 정당한 요구를 할 때조차 전신의 용기를 끌어모아야 한다. 심장이 먼저 반응한다. 두근거림의 빈도가 잦아지고, 심장 소리가 귀까지 치고 올라온다. 주먹을 몇 번이고 쥐락펴락하고 입을 옴짝거린다. 입에 온 에너지를 집중한다. 한마디를 위한 준비 과정이 치열하다. 질문할 때도 비슷하다. 질문을 준비하다가 끝날 때도 있다.

또 타인의 시선을 지나치게 의식한다. 타인이 내 말과 행동을 어떻게 평가할까를 먼저 생각한다. 그다지 중요하지 않은 것인데도 신경을 쓴다. 정작 당사자는 신경조차 쓰지 않을 만큼 사소한 일인데도 그렇다. 요즘 말로 집에 와서 '이불킥'을 여러 차례 해 댄다. 어떨 때는 타인을 지나치게 배려한다. 상대방의 입장을 먼저 고려해 거절하지 못한다. 자신의 상황과 형편을 고려하지 않고 타인을 우선시하다 상황이 꼬이기도 한다. 소심한 이들은 거절하는 용기를 내는 게 쉽지 않다.

마지막으로 소심한 사람은 실패하는 것을 두려워한다. 어떤 상황이든 수십 번 시뮬레이션해 본다. 생각에 생각을, 신중에 신중을 거듭한다. 생각만으로 지구 몇 바퀴 돌고 결정하는 일도 있다. 결과를 지레짐작해서 포기할 때도 있다.

소심한 사람들의 이런 성격을 거의 모두 지니고 있다. '트리플 A형'이라며 농담할 때도 있다. 그나마 다행인 것은 겉으로 표가 잘 안 난다는 것이다. 호들갑 떤다고 오해받을까 염려하고, 약한 모습을 들킬까 주저한다. 대범한 척까지는 아니어도, 소심한 표는 내지 않으려 한다.

물론, 일은 다르다. 수업 관련한 부분에서는 주저하지 않는다. 누군가에게 상처 주거나, 부담스러워하는 상황이 불편한 것이다. 애정을 갖는 사람에게는 어렵더라도, 심사숙고 후에 할 말은 해 주려 한다. 일을 진행하는 과정에서 필요한 부분은 당연히 목소리를 낸다. 하지만 나만 불편한 일이라면 대체로 지나간다.

소심한 사람은 어떻게 새로운 도전을 시작해야 할까?

생각을 바꿔야 한다. 타인들은 각자의 삶을 사느라 바쁘다. 나 역시 다른 이들의 일상에 크게 관심 두지 않는다. 단체 사진을 찍어서 단체 방에 올리면 대부분 각자 모습만 본다. 눈 감고 찍은 거나, 몸매 같은 외적인 요소들이 내 시선을 옭아매지만, 다들 자기 모습을 보느라 타인의 자세나 표정은 별로 신경 쓰지 않는다. 생각을 바꾼다는 것은 타인의 시선으로부터 나를 분리하는 것이다. 나를 보호하는 일이면서 자립시키는 일이기도 하다. 의식을 분리하는 데는 연습이 필요하다. '아무도 나를 주목하지 않는다.'를 몇 번이고 되뇐다. 부정적인 방향으로 몰고 가는 '생각이란 녀석'의 뒷덜미를 잡아챘다. '할 수 있다. 해 보자!'로 방향을 바꿨다. 서서히 강도와 빈도를 높여 행동으로 이어지도록 노력했다.

소심한 성격 자체를 고치려 전문가의 도움을 받는 것도 방법일 수 있다. 이 경우는 소심함이 지나쳐 일상생활을 할 수 없을 정도의 증상이 보일 때 해야 할 일이다. 하지만 대부분은 생각을 바꾸고 말을 바꾸는 것으로 충분하다.

'판단 중지와 판단 유예' 방법도 있다. 상황을 머릿속으로 시뮬레이션 돌려, 해 볼까 말까를 결정하기 전에, 일단 '판단 중지' 버튼을 누른다. 판단을 유예하는 것이다. 부정적인 방향으로 생각이 흘러, 하기도 전에 포기하는 것 말고, 해 보고 나서 결정하는 것으로 시간을 버는 것이다. 손익 계산에는 약간의 '자기 합리화'도 필요하다. 새로운 일을 시작하려고 할 때 많든 적든 비용이 든다. 이 정도 비용이면 손해를 보더라도 중요한 경험이 되겠다 싶으면 일단 해 보는 것이다. 손해보다 이득이 크다는 '합리화'가 이루어지면, 도전이 좀 수월하다.

제일 중요한 것은 꾸준히 하는 것이다. 내 경우 시작이 더딘 만큼, 어떤 일이든 시작하면 포기를 잘 안 한다. 아니, 미련이 많아서 포기를 못한다. 시작한 일들의 장점을 생각하고, 이것들을 연결해 보는 것이 중요하다. 빨리 손절해야 하는 일도 있지만, 돈 문제가 아니라면 끝까지 가볼 것을 권한다. 그래야 실패하더라도 툭툭 털고 일어날 수 있다. 최소한 해 봤다는 경험은 남을 테니 결코 손해 보는 장사가 아니다.

'소심'의 다른 한자 '素心'은 '평소의 마음'이다.

어떤 날은 글이 술술 풀린다. 어떤 글은 한 꼭지 완성하는 데 2주가 걸리기도 한다. 키보드에 손을 올렸다가 내리고, 노트에 메모하다 죽죽 긋고. 책상에 앉았지만 심란해서 한 글자도 진행하지 못하고 앉아만 있던 날도 있다.

그때마다 스스로에게 이렇게 말한다.

"오늘은 오늘 할 일만 생각하자. 하던 거 그냥 하자."

화가 나는데, 눈물이 자꾸 새어 나오는데, 한숨 쉬느라 손가락에 힘이 들어가지 않는데, 일상을 유지하는 것은 당연히 힘들다. 삶이 항상 내 편일 수 없다. 내 편으로 돌아설 때까지 포기하지 않으면 된다. 小心이 素心이 될 때까지 그냥 매일 한다.

4. 책 읽기로 가꾸는 하루하루

밀란 쿤데라의 『참을 수 없는 존재의 가벼움』 주인공 테레자는 책으로 자신과 남을 구분 짓는다. 책이 암호가 되어 자신과 남을 동지애로 묶는다. 어린 테레자의 삶은 나와 많이 닮았다. 온몸의 세포로 느껴지는 가난은 나를 주눅 들게 했다. 엄마는 불만을 말로 표출하지 않았다. 대신 침묵을 택했다. 때로는 엄마의 침묵이, 어린 내게도 시위처럼 느껴졌었지만, 지금은 알 것 같다. 엄마는 최선을 다해 버티고 있었다는 것을.

나 역시 방법을 찾아야 했다. 여자아이가 할 수 있는 것은 별로 없어 도피를 택했다. 여덟 살 때 한 가출은 실패했다. 그 뒤 책으로 들어갔다. 술을 마시기 전후 아버지의 모습은 '지킬과 하이드' 같았다. 하이드일 때의 아버지와는 친해지기 힘들었지만 지킬일 때의 아버지는 범접하기 어려운 선비였다. 아버지는 내가 작은언니 옆에서 귀동냥해서 글을 배웠다고 말씀했다. 그 말은 주문처럼 또래보다 일찍 글자의 세계로 데려갔다. 구박데기가 신분 상승하는 내용도, 주인공이 진짜 부모를 기다리며 힘든 일상을 견뎌 내는 것도 좋았다. 부자 부모가 나를 데리러 오면 어떻게 하지? 심각하게 고민도 했다.

현실에서 공중 부양 하던 내 발을 지면으로 끌어 내린 여자들이 있다. 『바람과 함께 사라지다』의 스칼렛 오하라와 『제인 에어』의 제인은 현실적이어서, 사춘기 길동무가 되어 주었다. 결코 예쁜 편은 아닌 스칼렛은 어떤 어려움에도 '내일은 내일의 태양이 뜬다.'라며 다시 일어선다. 고아 제인은 평범하게 살고 싶어 열심히 공부하고 마침내 자신이 원하는 사랑도 쟁취한다. 당시 시대에 흔하지 않은 주인공 캐릭터였다. 그녀들이 있어 나는 사춘기 시절을 잔잔히 지나갈 수 있었다.

아이가 생긴 후 한동안 나를 위한 책을 사지 못했다. 한정된 재화는 아이들에게로 대부분 향했다. 친정에서 보던 책들을 가져와 다시 읽었다. 독서 지도를 시작한 뒤로 읽을거리는 풍성해졌다. 그림책은 감수성을 흔들고, 청소년 책은 사춘기를 이해하는 지침이 된다. 인문 고전은 과거를 관통해 현실을 일깨운다. 수많은 주인공의 삶은 여전히 감탄을 자아내고, 가 보지 못한 길로 안내한다. 한동안 골고루 읽는다고 착각했다. 어른인 나도 독서 편식을 하고 있었다.

한 권의 책을 읽으면 그 작가에게 영향을 준 다른 작가를 소개한다. 작가의 책이 궁금해진다. 꼬리에 꼬리는 무는 릴레이 독서가 이어진다. 생소한 분야의 책은 선뜻 읽기 쉽지 않다. 굳은 의지와 특별한 계기가 필요하다. 학창 시절에 호메로스의 『일리아스』나 『오디세이아』가 어려워 대충 읽고 말았다. 천병희 교수의 책으로 구매했지만 훑어보고 장식용으로 꽂아 두었다. 그러다 코로나 시기에 이 책들을 다시 만났다.

평소에 공부를 안 하는 친구들은 시험 기간에 무엇을 공부해야 할지 모를뿐더러 시험이 끝나면 내용을 거의 기억하지 못한다. 내 고전 공부가 그랬다. 그리스 로마 신화의 물꼬를 트자, 읽고 싶은 것들이 봇물 터지듯 뿜어져 나왔다. 다음 또 그다음 도서 목록들이 줄줄이 이어졌다. 읽을수록 새로워 재독, N독 기회를 엿보고 있다. 호메로스에서 시작해 단테까지 읽고 지금은 숨을 고르는 중이다.

내가 운영하는 독서 모임은 두 개다. 하나는 동양 고전으로 시작해 현재는 세계사를 진행하고 있는 온라인 모임 '동고동락'이다. '교양 있는 어른들을 위한'이라는 부제로 매주 금요일 새벽 5:30분에 진행한다. 책을 안 읽는 회원도 있고, 문학책만 읽다 세계사 배경을 알고 나니, 독서에 깊이가 생겼다는 회원도 있다. 어떤 자료로 알찬 시간을 만들지 고민한다. 처음에는 책을 죽 읽어 나가며 이야기하는 방식으로 진행하다 지금은 영상 자료를 활용한다. 콘텐츠 고르는 시간이 많이 들지만, 덕분에 나도 입체적으로 공부하게 된다.

'꼬꼬독'은 미술사 수업에서 만난 회원들과 하는 대면 모임이다. '꼬리에 꼬리는 무는 미술 관련 독서'라는 뜻이다. 공부한 내용을 되새김질하자는 목적으로 만들었는데 벌써 1년 반이 지났다. 미술 작품을 사랑하고, 직접 전시회를 찾아다니는 이들이라 배울 점이 많다. 지금은 방구석 관람이 대부분이지만, 언젠가 세계 미술관을 다니고 싶은 바람으로 공부 중이다. 이들과 가까운 미래에 국내외 미술관을 함께 투어하고 싶다.

토요일 아침 7시에는 니체를 만난다. 니체의 글은 자주 인용된다. 니체의 책을 온전히 읽어 본 적이 없어서 철학 모임에 합류했다. 내가 들어갔을 때는 니체의 다른 책들을 몇 권 읽은 뒤였다. 『차라투스트라는 이렇게 말했다』를 읽기 위한 예비 독서였다. 책의 〈3부〉부터 참여했는데, 2년 반이 된 지금도 〈4부 및 최종회〉 부분을 진행 중이다. 매주 글자 하나하나, 문장 한줄한줄 쪼개 가며 읽고 있다. 느리게 읽지만 플라톤, 아리스토텔레스 같은 고대 철학자부터 중세, 현대 철학자들까지 매주 소환되는 진풍경을 볼 수 있다.

매주 화요일 새벽에는 스테디셀러를, 매주 목요일 새벽에는 민음사 세계 문학 전집 독파하는 온라인 모임에 참여하고, 격주 목요일에는 고전에서 철학을 넘나드는 대면 독서 모임에 참여하고 있다. 다양한 책을 읽으면 일주일이 금방이다. 주말에 개인적인 시간을 보내고 나면 책 읽을 시간을 확보하기 어려울 때도 있지만, 독서는 내게 성장에 필요한 생기를 준다.

"내가 인생을 알게 된 것은 사람과 접촉했기 때문이 아니라 책과 접촉했기 때문이다."

프랑스 시인이자 소설가인 아나톨 프랑스의 말이다. 거의 매일 독서 디데이를 맞이한다. 혼자라면 읽지 않을 책을 누군가와 함께 읽는 것도 좋고, 내가 좋아하는 것을 타인도 공감하면 더 좋다. 독서 후 일상 철학을 나누고 덕분에 조금 더 나은 선택을 할 수 있다. 투박한 언어에도 지혜가 녹아 있어 휘휘 저어 나의 철학으로 빚어내는 소소한 행복을 맛보는 중이다. 책 읽고 모임에서 나누고 글 쓰고 다시 읽는다. 오늘도 '어제보다 조금 나아진 나'를 쌓아 간다.

〈매주 금요일 새벽 5시 30분, '교양 있는 어른들을 위한 세계사' 진행 인증샷〉

5. 미술로 새 삶을 그리다

　미술을 배운 지 5개월이 되었을 때, 미술 선생님이 친구에게 공모전에 출품하자고 제안했다. 나는 스케치를 조금씩 따라 그리고 있었다. 당연히 내게는 꿈같은 일이었다. 그런 제안을 받는 것만으로도 행복하겠다고 생각하며, 관람하듯 대화를 듣고 있었다. 그날 주어진 미션에 집중해서 선을 그리다 지우고, 다시 그리며 면을 채워 나갔다. 친구와 대화를 끝낸 선생님이 내 쪽을 향했다. 내년에는 같이 출품하자고 말했다. 뇌 회로가 멈추면서 잠시 멍했다. 겨우 의자 잡고 일어서는 아기에게 뛰자고 하는 거랑 다르지 않았다. "붓도 제대로 잡지 못하는데 공모전이라니요." 웃고 넘겼다.

　성인 미술은 즐거워야 한다는 선생님 지론에 따라 그림 소재는 자유롭게 정한다. 사진에 담은 예쁜 장소를 보고 스케치해 보기도 하고, 미술

교재에서 골라 그리기도 한다.

　결혼기념일에 영덕으로 여행 갔었다. 하늘과 바다가 꽉 찬, 유리창이 전부인 카페에서 사진을 찍었다. 이른 시간이라 사람이 없었다. 고양이가 꼬리 흔들듯 슬쩍 파도가 이는 바다가 여유로웠다. 창가에는 빈 의자가 3개 놓여 있었다. 눈에도 담고 사진도 찍었다. 이 사진으로 그림을 그리기로 했다. 선생님과 협업하는 방식으로 그렸다. 스케치북을 반 나눠 오른쪽은 내가, 왼쪽은 선생님이 그렸다. 사인펜으로 스케치하고 바로 물감으로 칠했는데, 적당히 번지는 사인펜 자국이 새로웠다. 수채화는 유화처럼 덧칠할 수 없지만, 두꺼운 스케치북을 사용하면 마른 후 한두 번 더 덧칠할 수 있다. 최대한 맑게 칠하고, 물을 잘 사용해야 깔끔한 그림을 그릴 수 있다.

　그림을 배우고 계절이 3번 바뀌었다. 다음 작품은 무엇을 하고 싶은지, 선생님이 물었다. 그때까지 남편은 내가 그림을 시작했다는 것을 알지 못했다. 딱히 비밀로 하지는 않았지만 어쩌다 보니 말할 기회가 없었다. 미술 도구 모두 작업하는 곳에 있었고, 일주일에 반나절 정도 그림 그리러 갔기에 본의 아니게 보안 유지가 되었다. 언제 밝힐까 고민 중이었는데 드디어 기회가 왔다. 그림을 시작한 지 1주년 되는 11월에 남편 생일이 있었다. 생일 선물로 그림을 주면서 미술 시작했다는 것을 자연스레 밝히기로 했다. 스케치 시작도 하기 전에 남편이 놀랄 모습이 상상되었다. 벌써 웃음이 났다.

어떤 그림을 그릴까 찾다가 스마트폰 바탕화면에 있는 남편의 뒷모습을 그리기로 했다. 거제 바다를 바라보는 남편의 모습을 찍어 둔 건데, 해 질 녘 바다 풍경과 남편 뒷모습이 잘 어울렸다. 선생님도 사람 앞모습은 초보가 그리기에는 역부족이지만 뒷모습은 괜찮겠다며 도와주겠다 하셨다.

계획은 원대했으나, 한 달도 지나기 전에 후회했다. 연습하고 작품으로 들어가야 한다는 선생님 말씀에 예비 그림을 그렸다. 바닥이 죄다 돌이라, 하나하나 그리느라 숨이 찼다. 미술이 이렇게 섬세하고 과학적이어야 하는지 몰랐다. 보이지 않아도 빛의 줄기를 따라야 그려야 하고, 원근법을 의식해 크기를 조절해야 했다. 연습하다가 지쳐서 막상 선물을 그릴 때는 못 그릴 것 같았다. 선생님께 말을 안 했지만 진지하게 그림 선물을 포기하고 싶었다.

한 달 동안 습작했다. 색칠도 80퍼센트 정도 완성했다. 드디어 선물할 작품을 그리기 시작했다. 조약돌 하나하나 다시 그렸다. 뭉뚱그리고 싶었지만 그럴 수 없었다. 가장 가까이에 있는 비정형 돌을 족히 수백 개는 그렸다. 기간이 길어지니 점점 집중력이 떨어졌다. 나보다 선생님이 생일 선물에 더 집중했다. 조약돌만 봐도 울렁거렸다. 나는 대충 그리고 마무리하고 싶었지만, 선생님은 끝까지 그림에 집중했다.

D-10, 액자를 고르고 포장까지 주문했다. 생일 선물 준비 과정은 비밀작전 수행을 방불케 하였다. 작품이 끝났다. '더 열심히 그릴걸.' 하는 생

각이 잠시 들었지만, 이내 지웠다. 되돌아가도 힘들어서 빨리 끝내려고 했을 거다. 어쨌든 남편의 생일은 다가왔다.

크기를 보고 남편은 선물이 액자인 건 바로 알아차렸다. 포장을 뜯고도 내가 그렸을 거라고 짐작도 못 했다. 동영상을 찍으며 나는 웃음을 참느라 힘들었다. 액자 포장을 개봉하고 몇 초 정도 지났다. 남편은 그림의 주인공이 자신인 것은 바로 알았다. 누가 그렸는지 10초 정도 고민했다.

"누가 그린 거? 누라가 그린 거? 오~!"

내 표정을 보고는 답을 알아냈다. 진심으로 놀라고 즐거워하는 남편의 모습을 보니, 조약돌 수백 개쯤 더 그려도 되겠다 싶었다. 그림은 바로 거실의 중앙을 차지했다. 남편의 53세 생일에 맞춰 태어나, 지금도 우리와 같이 흘러가고 있다. '일단 해 봄'이 준 선물이었다. 연애 6년, 결혼 25년, 도합 31년 세월에 추억 하나 더 얹었다.

초보에겐 지나치게 거창했던 작업을 마치고 한동안 그림이 손에 잡히지 않았다. 후유증인가. 다른 작업을 시작하는 게 엄두가 나지 않았다. 이젤을 펴 둔 채 차 마시며 수다만 떨다 오는 날도 있었다. 찬바람이 불고 해가 바뀌자, 선생님이 1년 전 그 제안을 꺼냈다. 2023년 공모전에 친구와 함께 작품을 내자고 했다. 1년 전보다 조금 나아졌을지 몰라도 공모전에 내기에는 턱없이 부족한 실력이라 당장 답할 수 없었다. 선생님은 공모전 준비하면 실력도 빨리 늘고, 안목이 넓어진다며 도전해 보자고 설득하였다. 공모전 작품은 50호 크기인데 남편 생일에 그렸던 그림의 2배 크기다.

'친구와 함께라면 할 수 있겠다.'

꾸준히 그리는 것이 목적이니 입선되지 않더라도 딱히 실망할 것 같지 않았다. 2월부터 소재를 고르기 시작했다. 친구는 유럽 여행에서 찍은 베네치아 풍경을 그리기로 했다. 나는 1월에 무주에서 찍은 사진을 떠올렸다. 그해 가장 추운 날이라고 특보가 떴었다. 해뜨기 직전, 칼바람에 비스듬히 내리꽂는 눈을 맞으며 발자국을 냈더랬다. 아무도 밟지 않은 눈 위의 뽀드득한 감촉을 온전히 발바닥에서 전달받았다. 그때 전신에 퍼졌던 감각을 그림으로 표현하고 싶었다.

미술이 노동이 될 수 있다는 것을, 내내 체험했다. 스케치하고 색을 칠하기 전에 장면을 부분으로 나눴다. 작품의 중심인 가로등을 색칠하기 전에 다른 종이에 연습하고 본 작품에 색을 칠했다. 연습하고 칠하는 것을 반복하는 게 유일한 방법이었다. 당장이라도 튀어 오르고 싶어 하는 엉덩이에 온갖 인내심을 들이붓고 나서야 작품이 끝났다.

2023년 성산미술대전에 공모했다. 친구는 이번에 상까지 받으면 좋겠다고 생각했다. 나는 도전한 것으로 이미 상을 받았다. 2주일 뒤 결과가 나왔다.

"입선이다! 입선이라니?"

그림 왕초보가 1년 반 만에 공모한 것도 기적인데, 입선하다니. 선생님의 도움도 컸지만, 나 역시 끝까지 붓을 놓지 않았다. 그 시간에 대한 보상이 이렇게 달콤할 수 있구나. 몸이 배시시 꼬였다. 작품이 성산 아트홀에 1주일간 전시된다고 했다. 뿌듯했다. 마지막 날에 친구, 선생님과 함께 전시회장에 갔다. 3전시실에 있는 내 그림 앞으로 달려가기 전에, 1전시실부터 죽 돌며 작품을 감상했다.

공모전 준비했다고 실력이 눈에 띄게 늘지는 않겠지만, 최소한 내년에는 고민하는 시간은 줄어들 것이다. 일단 시작하면 막연한 두려움 대신 눈앞에 닥친 일에 집중하게 된다. 많이 재지 않기로 했다. 일단 해 보고 더 할지 말지 결정하기로 했다. 반백 년. 이제 기회는 별로 없을 수도 있다. 닿고 싶은 방향으로 한 발짝 디딘 것만으로도 오늘은 성공했다.

<(좌) 사진, 생일 선물로 그린 그림(우)>

<2023년 성산미술대전 입선작>

214　　육아 퇴직 후 진짜 나를 만나게 되었다

6. 글쓰기로 차곡차곡 배우는 삶

이과반 여고 시절, 젊은 여자 수학 선생님이 새로 부임했다. 얼굴은 평범한데, 유난히 다리가 길고 예뻤다. 예쁜 다리보다 선생님 손에 거의 매번 책이 있었다는 기억이 떠오른다. 그건 내게 암호와도 같았다. 대화의 물꼬를 틀 수 있는 열쇠였고 선생님과 내가 동질감이 있다는 표식으로 보였다. 수학 선생님과 수학 기호로 통하는 대신 독서 친구가 되었다. 선생님이 읽고 있던 책 제목은 기억나지 않지만, 에세이 종류였다는 것은 확실하다. 당시 주로 소설을 읽었던 터라, 에세이는 잘 몰랐다. 선생님은 그때 내게 이런 말을 했다.

"어른이 되면, 에세이가 읽고 싶어질 거야."

어떤 뜻이냐고 물었는지 또 대답을 들었는지 모르겠다. 시간이 오래 지나 버려서 어림짐작해 볼 뿐이다. 아마도 작가의 경험을 공유하고 그들의 시선에서도 세상을 바라볼 수 있게 된다는 의미가 아니었을까. 그

때의 여고생이 어른이 되었고 에세이도 읽는다. 글을 읽기만 하던 소비자 모드에서 글을 쓰는 생산자로 변화하는 중이다.

플롯을 배울 때 배에 힘을 주고 호흡을 길게 내뱉으라고 한다. 이를 몇 번 반복하면 상체가 부들부들 떨리고, 머리에서 현기증이 난다. 어지럼증을 계속 견딜 자신이 없어 플롯은 장롱 속에 곱게 모셔 뒀다. 노래를 배울 때도 마찬가지였다. 마지막 음을 길게 내기 위해서는 앞부분 어딘가에서 적절히 숨을 쉬어야 한다. 이 타이밍을 놓치면 마지막 음은 무호흡 립싱크 상태가 되고 만다.

글쓰기는 '호흡'과 같다. 긴 호흡으로 글을 써야 하는 것은 상당한 부담이었다. 거기에 누군가 내 글을 읽고 판단한다는 생각만으로도 명치끝이 옥죄어 왔다. 타인의 말에 영향을 잘 받는 성격이라, 책을 내는 것은 요원한 일이었다. 누군들 비난에 익숙하겠느냐마는 보통 사람들보다 더 약한 축에 속한 탓이다. 소심한 예비 작가는 50세가 되어서야 책 쓰기에 도전장을 냈다. 처음 몇 개월은 동기 부여만 받았다. 강의를 듣는 동안에는 쓸 수 있겠다 싶은데, 바로 책을 내야겠다는 간절함이 없어서인지 5개월이 넘도록 주제도 잡지 않았다. 책 쓰기 코칭 과정을 신청하고 나서야 책을 쓰기 시작했다.

차곡차곡 글쓰기로 배우는 것들이 늘어 간다.

첫째, 짧은 글이 쌓인다. '모닝저널'이라 이름을 붙인 글감을 아침마다 발행한다. 6월 6일부터 시작해 하루도 쉬지 않았다. 여행을 가도, 명절 연휴에도 노트북을 챙겨 가서 글을 올렸다. 처음에는 매일 글감 찾는 게 고민이었다. 어떤 날은 1시간 이상 책상 앞에 앉아 있기도 했다. 매일 새벽마다 글 쓰는 연습을 하면 날씨로 일희일비하지 않게 된다. 덥든 춥든 평정심을 갖게 된다. 글을 써야 하니 아프지 않으려고 긴장을 풀지 않는다.

둘째, 겸손을 배운다. 좋은 글, 별로인 글 등으로 다른 작가의 글을 평가하던 내 잣대가 사라졌다. 모든 작가는 위대하다. 글을 쓰며 알았다. 한 꼭지를 완성하기 위해 5일 이상 걸린 날도 있다. 쓰고 지우고를 반복하느라 하루에 한 장 쓰기도 어렵다. 그러니 모든 작가에게 존경심을 가질 수밖에 없다.

셋째, 관찰하는 습관이 생긴다. 그림 그리듯이 섬세하게 표현된 부분이 나오면 폭 빠져 읽는다. 묘사가 잘된 글은 생생하기 때문이다. 인터넷에 팝업창이 튀어 오르듯 장면이 저절로 머릿속에 떠오른다. 글을 읽었을 뿐인데 오디오와 비디오가 자동 재생된다. 과도한 상상이 침샘을 작동시킬 때도 있다. 한 소설가는 개미 움직임을 관찰하며 A4용지 수십 장을 썼다고 한다. 쓸거리가 풍성하기 위해서는 관찰이 필수다.

넷째, 메모가 쌓인다. 글의 소재를 챙기려면 메모하는 것은 절대적이다. 메모해야겠다고 생각한 내용을 바로 적지 않으면 휘발된다. 쓸거리가 있었다는 잔상만 남아 있고, 무슨 내용이었는지 도무지 기억나지 않는 일이 다반사다. 글을 쓰지 않을 때는 그다지 문제가 되지 않았다. 이제는 글감이 스쳐 지나가 버리면 안달이 난다. 메모도 습관인데, 처음에는 기록하는 습관이 없어 힘들었다. 요즘은 수첩과 연필이 없을 때 스마트폰에 있는 메모장을 자주 쓴다. 급하게 메모하느라 키워드만 적지만, 매일 모닝저널을 발행할 때 큰 도움이 된다.

다섯째, 평정심을 찾는다. 예전에는 좋지 않은 일이 생기면 다음 일정에 지장을 줄 때도 있었다. 기분 나쁜 것이 얼굴에 드러나 주위 사람들에게 전염시킨 적도 있다. 그런데 글감으로 생각하면 마음이 차분해지고 사건의 과정을 찬찬히 되짚어 본다. 그 일을 소재로 글을 쓰면 더 극적인 글을 쓰게 된다.

여섯째, 말과 행동에 주의를 기울이게 된다. 말은 형태가 없다. 말이 글로 형태를 갖추는 순간, 문자를 중심으로 구심점이 생긴다. 시각화된 말을 지키기 위해 행동한다. 나쁜 것은 좋게, 좋은 것은 더 낫게 바꾸려고 노력한다. 글은 힘이 있다.

글쓰기 선생님은 "잘 쓰고 싶어서 잘 산다."라고 자주 말한다. 쓰기 전까지는 이 말의 의미를 체감하지 못했다. 글이 기준선을 정한다. 작가는 글에 쓴 것을 지키려고 애쓰고, 타인은 작가가 쓴 글로 작가를 판단한다. 글이 판단하는 기준이 된다. 그래서 말과 행동을 조심하려고 애쓴다.

광화문 교보 문고에서 공저 책 출간 후 저자 특강을 했다. 그때 지인이 글귀를 새긴 만년필을 선물로 주었다.

"말과 글이 같은 작가 김선황"

카톡 프로필에 있는 문구를 눈여겨본 것이다. 만년필로 글을 쓰면서 삶의 태도를 되돌아본다. 자꾸만 잘 살고 싶어진다. 말과 글이 같은 하루를 구메구메 빌드업 중이다.

11월 29일 수요일 모닝저널 177

말과 글이 같은 김선황 작가

자주 보지 못해도, 수시로 연락하지 않아도
마음 한 켠에 자리하고 있는
'지음'에 대해 들려주세요.

당신의 이야기가 책이 됩니다.

글D(Designer & Director) 김선황

〈지인이 선물해 준 만년필을 소재로 모닝저널 발행한 날〉

7. 만나는 사람들 모두 선생입니다

줌 화면으로 자이언트 공저 9기 책을 출간한 작가들의 특강을 들었다. 삐걱거리는 나를 다잡는 시간이었다. 초고 마지막 고비인지, 나는 우왕좌왕하고 있었다. 낙서를 끄적거렸다가, 키보드에 손을 올렸다가. 시선 너머에서 맴도는 글자들을 억지로 화면으로 내려 앉히려 애쓰는 중이었다. 한 꼭지 쓰고 줌에 접속하려 했는데, 한 글자도 쓰지 못하고 줌에 접속했다.

작가들의 표정이 밝았다. 음소거하지 않은 상태였다면, 작가들의 웃음소리가 경쾌한 배경음악으로 들릴 법했다. 달궈지기 시작한 축제 직전의 흥분, 따끈한 책을 막 출간한 작가에게서 느껴지는 여유로움과 강의를 앞둔 설렘, 초조함 등이 화면 속을 둥둥 떠다녔다. 강의를 듣는 나도 감정의 파도 위를 떠다녔다. 어린 시절을 나와 비슷하게 보낸 작가의 이야기를 들으며 어린 나와 돌아가신 아버지를 떠올렸다. 시아버지의 손 사

진을 띄운 채, 롤 모델이라고 한 작가 이야기를 들을 때는 나도 시아버님
이 생각났다. 만 보 걷기를 하며 사귀게 된 친구들인 꽃과 오리, 수달, 하
늘을 소개해 준 작가의 이야기는 내 걷기와 닮아 있었다. '가꿈'이라는 말
이 좋아서 한참 읊조렸다. 여러 모양으로 자기 계발을 한 작가들의 이야
기를 들었다. 어느새 글쓰기 배터리가 충전되었다.

"만나는 사람들 모두가 선생입니다."

이 꼭지를 시작할 문구였다. 매일, 매주, 격주에 만나는 이들을 언급하
며 시작하려고 했었다. 특강으로 글 입구가 달라졌다. 연예인 보듯 작가
들을 보고, 그 이야기를 들었다. 오프 모임에서 만나면 나 혼자 굉장히
반가워서 사인해 달라고 할 것만 같다. 10명의 목소리가 10개 이상의 진
심을 토해 냈다. 진심이 내게 옮아 왔다. 이런 전염이라면 환영이다.

유방암 재검을 앞두고 헬스장에 등록했다. 헬스장 원장은 몸을 가꾸
는 데에 진심을 담는다. 전시된 각종 트로피를 볼 때마다 존경심이 든다.
건강해지려고 시작한 헬스가 현재 직업이 되었다고 한다. 주 2회, 아침
7:30분, 공복에 PT를 받는다. 평상시 투덜거리는 성격이 아닌데, 운동하
다 보면 자꾸 신음과 푸념이 교차한다. 중량이 확확 올라갈 때 부들부들
떨다 못해, 허리를 뒤튼다. 돈 내고 이게 뭐 하는 짓인가 싶다. 쉬는 시간
에 넌지시 물었다. 원장님은 처음 PT 받을 때 어땠느냐고. 자신은 한 번

도 투덜거리지 않았다고 했다. 코치가 하는 것을 자세히 보고, 개인 운동할 때 복기해 가며 운동했단다. 무안했다. 또 물었다. 나보다 키와 몸집이 작은 원장은 도대체 몇 킬로그램씩 드는지 궁금했다. 인스타그램에 영상 올려 뒀다고 해서 몇 개의 영상을 넘겨 보았다. 그 뒤로 나는 더 묻지 않는다. 나를 훈련시킬 때는 야속하고 밉지만, 몸을 조각하듯 만들어 가는 모습은 멋지다.

월요일 밤에 만나는 독서 모임 리더는 수학 학원을 운영했는데, 우연히 그리스 로마 신화에 빠져들었다고 했다. 처음에는 고전에 대해 아무 지식도 없이 시작했다고 한다. 수학 선생님답게 분석하는 것을 좋아하고 깊게 공부한다. 덕분에 다른 독서 모임보다 자료가 풍부하다. 말간 얼굴에 잔잔한 미소를 띤 채, 조곤조곤 배경이나 작가에 대해 이야기하는 것을 들으면 나도 덩달아 차분해진다.

화목 새벽에 만나는 독서 모임 리더는 멤버들의 일상을 궁금해한다. 스스로 하루살이라 칭하는 나는 요일 단위로 시간을 센다. 일주일 어떻게 지냈냐는 물음에 답을 하기 위해 지난 일주일을 돌아보게 된다. 많은 일을 한 것 같은데 딱 짚어서 말하기 힘들다는 것은 하루를 정리하는 습관이 없기 때문이다. 덕분에 쉼표, 물음표, 느낌표 등으로 일주일에 이름을 붙일 수 있게 되었다. 자신이 겪은 일처럼 공감해 주는 모습에 슬며시 위로받곤 한다.

매주 토요일과 격주 목요일에 만나는 독서 모임 리더는 에너지가 넘친다. 인생의 터닝 포인트 후 강사로, 연구소 대표로 살고 있다. 전국을 다니며 강의하는데도 지친 기색이 없다. 그 자체를 즐긴다는 것이 느껴진다. 어디서든 열정적으로 강의하는 모습은 내게 자극이 된다. 시작을 상당히 주저하는 나와 대척점을 이루는 모습도 매력적이다.

시어머니가 운영하던 30년 역사의 식당을 물려받은 지인이 있다. 기사 식당처럼 운영하던 식당이 맛집으로 소문났다. 주택가에 있는 식당이라 주차가 불편했다. 손님들이 점심에 몰리면 인근 주택 앞에 차를 대기도 하니, 각종 민원이 꾸준히 들어왔다. 그녀는 과감하게 새로 아파트가 들어서는 구역에 땅을 사서 건물을 지었다. 카페처럼 인테리어를 하고 한식을 판다. 시그니처 메뉴인 김치찌개, 된장찌개, 두루치기를 내세워 30년이 넘은 식당의 맥을 이어 간다. 식당 운영, 프랜차이즈화 방법에 관한 공부도 틈틈이 한다. 브랜딩, 마케팅 등을 직접 보고 배우기 위해 서울을 비롯한 전국 식당을 다니며 연구한다. 가끔 아침 7시에 만나 고기 구워 먹는다. 그간 있었던 일들을 나누고, 모닝커피를 마시며 '다음'을 이야기한다. 다섯 살이나 어린 그녀는 식당 운영에 관해 말할 때마다 얼굴에 빛이 난다.

매일 배운다. 배움을 주는 이가 특별해야 한다고 생각한 적도 있었다. 알 만한 학력, 남들보다 뛰어난 능력, 눈에 보이는 결과물 등을 가진 이들이 가르쳐 줄 것이 많다고 생각했다. 물론 그런 이들도 있다. 하지만 진심을 알게 되면 달라진다. 사람을 대하는 진심, 각자의 일을 대하는 진심, 행동에서 나타나는 진심 등 온갖 형태의 진심들을 보낸다. 때로 그것을 오해했던 날들도 있었다. 충고라 생각해 거부했고, 잘난 척을 하는 것 같아 못 들은 척도 했었다. 글을 쓰면서 나는 조금씩 달라지고 있다. 오래 바라보니 진심이 보이고, 사랑하게 된다. 만나는 이들 모두가 선생이다.

8. 점을 찍으면 선이 됩니다

    자기 계발, '잠재하는 자기의 재능, 슬기, 사상 따위를 일깨워 줌.' 그간 딱히 자기 계발을 해야겠다고 생각하지 않고 살았다.

    회사원으로 살다 결혼 후 남편을 따라 경상도에 왔다. 아이들을 출산하고 새로운 직업을 찾은 것이 독서 지도사였다. '이왕 공부하는 거 독서 관련 전문가가 되어 보자.'라는 마음가짐으로 공부했다. 한동안 수입보다 배우는 비용이 더 들었다. 자격증이 자격을 대변해 주지 않지만, 꾸준히 자격증을 모았다. 손에 쥐는 건 5g 정도의 종이뿐일지라도 이들이 차지하는 책장 한 칸은 내게 가장 묵직한 곳이다.

    20여 년 가까이 한 방향만 보고 달렸는데 코로나가 브레이크 걸었다. 잠시 멈춘 상태에서 주변을 둘러보다 글쓰기 샛길을 만났다. 바투 다가가니 이제야 보이는 것들이 있다. '자기 계발'이라는 카테고리를 만들지 않았지만, 수많은 점을 찍으며 조금씩 우상향 중이었다. 흔들어 깨울 재능, 슬기가 있는지는 모르겠다. 있다고 믿고 싶다. 좋아서 한 일이 직업이 되고, 그 일을 더 잘하기 위해 고민하며 사부작거렸다.

10대, 책으로 버텼다.

20대, 취직, 결혼, 출산을 전투적으로 치렀다.

30대, 육아와 제2의 직업에 적응하기 위해 사방으로 뛰어다녔다.

40대, 정권에 따른 논술시장의 변화로 국어에 더 집중했다.

　　귀밑머리가 하얘졌다.

50대, 육아 퇴직하고, '나'로 초점이 바뀌었다. 독서에 몰입했다.

　　책을 쓰기 시작했다.

이전에 찍었던 점들이 지금을 위한 씨앗이 되었다. 이제 막 흙을 뚫고 나온 것도 있고, 발아 준비를 마치고 시기를 기다리는 것도 있겠지만 어떤 씨앗은 그대로 사장될까 초조해하다가 미숙한 싹을 틔우기도 한다. 섣부른 싹은 시들 수도 있지만, 완숙함을 비료 삼아 꽃을 피우기도 한다. 예전의 나라면 하지 않았을 것들을 소소하게라도 해 본다. 더 할지 말지는 다음의 문제다. 그동안 후회할 일은 시도하지 않았지만, 이제는 후회하더라도 해 보려고 한다. 마음가짐이 바뀌었다. 성공할 확률은 시도할수록 높아진다는 것, 어떤 일은 결국 행복으로 이어질 수 있다는 것을 아는 나이가 되었다.

5년 뒤 내 모습이 슬슬 기대된다. 소심해서 포기 못 하는 성격답게, 소심하지만 포기 안 하는 성격답게, 지금 하는 일들을 선으로 이어 가기 위해 이것저것 해 보는 중이다. 선 그리기 후보들이 몇 가지 있다.

첫 번째 선 그리기 후보는 '읽고 쓰는 사람'이다. 다양한 독서 모임에 참여하면 머리가 시원해질 때가 많다. 같은 문장을 읽고 다른 생각을 공유하는 재미다. 바빠도 정해진 분량을 읽고 참석하려 노력했다. 거의 매일 독서 모임이라 수업 중간과 글 쓰다 쉴 때 틈틈이 책을 읽었다. 주중에는 조금씩 자주 읽고 주말에는 몰입해서 읽었다.

초고를 쓰기로 마음먹었을 때 가장 먼저 한 일은 시간 확보였다. 잠은 더 이상 줄일 수 없었다. 글 쓰는 시간을 확보하기 위해, 지인들과의 만남을 자제했다. 세상에서 가장 따뜻한 말, "밥 먹자."를 한동안 멀리했다. 꼭 필요한 경우가 아니면 먼저 밥 먹자고 하지 않았다. 만남을 최소화하고 쓰기에 시간을 투자해 초보 작가로 걸음마를 시작했다. 20년 가까이 가르친 경험은 예비 작가를 돕는 데 도움이 될 것이다. '예비 작가 페이스 메이커'로 함께 쓸 예정이다.

두 번째 선 그리기 후보는 '그리는 사람'이다.

아들들이 방을 비웠다. 다른 집은 아이들이 올 때를 대비해서 방을 그대로 둔다던데, 남편의 생각은 달랐다. 공간을 활용해야 한다면서 방 하나를 퍼즐 할 수 있는 방으로 만들어 줬다. 스트레스가 있을 때도 기분이 좋을 때도 기회가 될 때마다 퍼즐을 샀더니, 방 하나가 퍼즐로 꽉 찼다. 분산되어 있을 때는 내가 예쁜 그림을 좋아한다는 것을 몰랐다. 풍경과 정물 퍼즐이 압도적으로 많았다. 퍼즐을 맞추는 소비자로 살았는데 이제 그림 생산자를 꿈꾼다. 어쩌다 그림을 시작했다. 작품으로 남기고 싶은 사진을 골라 그리면서 그날의 감성과 감동을 되짚는다.

붓에 물감을 쌓으면 붓 터치 한 번으로 3단 그라데이션을 표현할 수 있다. 물을 묻힌 붓 전체에 1번 연한 색을 깔고, 중간에 2번 조금 진한 색을 묻힌다. 마지막 붓끝에 3번 진한 색을 얹는다. 붓 잡은 손을 살짝 누인 채로 스케치북에 칠하면 한 번에 다채로운 색으로 표현할 수 있다. 물을 수단 삼아 물감을 쌓고 이름을 붙이기 힘든 색들이 퍼지며 자기들끼리의 길을 만든다. 의도하지 않은 색이, 자기들끼리 섞이고 퍼진다. 물길을 지켜보다 종이를 뒤집어서 방향을 바꾸기도 하고, 바닥에 누여서 그대로 말리기도 한다. 스며드는 색을 보는 내 마음에도 편안함이 물든다.

세 번째 선 그리기 후보는 '몸을 가꾸는 사람'이다.

헬스 등록하고 1년이 넘었다. 몸무게는 거의 제자리다. 투자한 돈과 시간을 생각하면 효율 없는 운동을 하는 셈이다. 수치는 객관적이라 정직해 보이지만 노력은 수치로 매길 수 없다. 매일 헬스장에 출근했다. 헬스장을 열지 않는 주말에도, 공휴일에도 문을 열고 들어가 스트레칭을 했다. 어떤 날은 폼 롤러로 몸을 풀다 잠들기도 했다. '생존'이라는 이름을 붙인 후부터는 특별한 일 없이 운동을 쉬지 않았다. 중량을 늘릴 때마다 꾸준함이 근력을 키우고 있다는 것을 느낀다. 기초 공사를 깊게 한 건물일수록 높이 세울 수 있다. 나는 1년 넘게 체력을 키우며 튼튼한 기초를 닦는 중이다.

보이지 않아도, 이름을 붙이기에 미미해도, 수없는 점이 찍히며 선들이 이어지고 있다. 어떤 그림이 완성될까. 5년 뒤의 내가 기대되는 이유이다.

9. 빌드업 ing

하루를 무게로 환산한다면, 중량은 얼마나 될까?

주 1회 정도 하체 운동을 한다. 대근육이 있어서 몸의 중심을 잡아 주는 역할을 한다. 트레이너가 V 스쿼트 기구로 안내했다. 처음에는 중량 없이 스쿼트만 했다. 20개 하고 헉헉댔다. 숨을 몰아쉬는데, 군대 조교 같은 얼굴을 한 트레이너가 양쪽에 20kg 원반을 걸었다. 숨을 한 번에 들이쉬어 가두고 기구를 들어 올렸다. 긴장해서인가, 빈 기구보다 무게가 있으니 들기 쉬웠다. 20개를 너무 수월하게 했나 보다. 숨 고르기 하고 있는데, 바로 20kg 원반이 양쪽에 추가되었다.

총 80kg. 눈으로 보기만 했는데도 숨이 찼다. 어깨에 걸었다. 서 있는 것만으로도 식은땀이 났다. 숨도 차올랐다. 이 무게는 못 할 것 같다고 했더니 트레이너는 들어 올릴 수 있다고, 힘들면 뒤에서 도와준다고 했다. 양말을 벗었다. 맨발로 선 채, 발가락 끝까지 힘을 주었다. 경사도가 있어 미끄러지지 않으려면 발끝으로 버텨야 한다. 다 못 일어날 것 같아 완전히 앉지 못했다. 등 뒤에서 소리가 들렸다.

"더 앉으세요!"

더 앉으라는 소리에 눈 질끈 감고 앉았다. 끙 소리와 함께 일어섰다. 엉덩이가 들썩거리고 무릎이 앞으로 튀어 나가는 게 느껴졌다. 뒤에서 슬쩍 도와주는 느낌이 들었다. 10개씩 3세트하고 주저앉았다. 땀이 뚝뚝 떨어지고 허벅지에서는 타는 듯한 통증이 느껴지는데 묘한 쾌감이 들었다. 그때 트레이너가 시크하게 말하고 돌아섰다.

"수고했어요. 여자 회원 중 80kg 중량으로 V 스쿼트 한 거 처음이에요."

'수고했어요.' 끊어질 것 같은 허벅지 근육통을 상쇄하는 마법이었다. 마법은 주문이 되어, 앞으로 투덜거리지 않고 운동하겠노라는 비장한 결심을 하게 만든다.

오전 8시, 아침에 해야 할 분량만큼 무게를 들어 올렸다. 하루 치 일의 중량을 가늠하며 헬스장을 나왔다. 매일 다양한 무게를 어깨, 가슴 등 신체에 올린다. 어깨가 무너져 내릴 것 같은 피로감이 몰려올 때마다 어깨에 곰 한 마리 매달려 있는 것 같다. 1년 정도 꾸준히 근력 운동을 해서인지 곰 무게를 이겨 내고 있다. 어느 정도 버티는 힘이 생기고 몸이 견뎌낼 만하니 마음도 단단해진다. PT 시간은 길어야 50여 분이다. 죽을 것 같아도 끝이 있다. 끝이 있는 일은 참고 할 수 있다. 해내지 못하더라도 괜찮다. 실패 경험은 또 하나의 이야기를 만들어 내기 때문이다.

화요일 새벽 독서 모임에서 제임스 클리어의 『아주 작은 습관의 힘』을 읽었다. 리더가 짠 도서 목록에 있던 책인데, 내게 필요한 순간에 그 책이 열렸다. 습관의 종류에는 결과 중심의 습관과 정체성 중심의 습관이 있다고 한다. 결과 중심의 습관은 내가 얻고자 하는 것에 초점을 맞추고, 정체성 중심의 습관은 내가 어떤 사람이 되고 싶으냐에 초점을 맞춘다. 요즘처럼 휘몰아치는 독서를 하기 전에는 결과 중심의 습관이었다. 뭐라도 바뀔 거라는 마음으로 책을 읽었다. 독서 모임에서 읽은 책이 늘어 가고, 만나는 사람이 시간과 공간으로 축적될수록 정체성 중심의 습관을 갖기 위해 노력하고 있다.

아틀라스는 그리스 신화에 나오는 거인 신이다. 티탄 족과 제우스가 대결할 때, 티탄의 편에서 싸우다 제우스에게 졌다. 그 벌로 대지의 서쪽 끝에 서서 하늘을 떠받치고 있는 형벌을 받게 되었다고 한다. 아틀라스가 든 하늘의 무게는 얼마였을까. 후에 헤라클레스가 황금 사과를 얻기 위해 아틀라스 대신 하늘을 잠시 들어 올렸었다. 헤라클레스는 아테나 여신이 뒤에서 도와줘서 하늘을 들 수 있었다. 하지만 아틀라스는 혼자 오롯이 하늘의 무게를 졌다. 벗어나려고 했지만, 아틀라스에게는 견딜 만한 무게였지 않을까.

사람마다 감당할 수 있는 무게는 다를 것이다. 결혼하기 전에는 맏며느릿감이라는 말이 싫지 않았다. 닥치면 잘할 수 있을 것 같았다. 결혼하고 큰형님을 보면서, 세상의 모든 맏며느리와 그 역할을 하는 며느리들을 존경하게 되었다. 생각 그릇의 크기가 다르니 짐의 무게가 달랐다. 내무게는 딱 막내며느리 정도다. 내가 운영하는 모임에서는 리더의 무게를 져야 한다. 모임의 크기에 따라 다르지만, 아테나가 헤라클레스를 도와주듯, 도와주는 이들이 있어 감당한다.

삶 전체의 무게, 하루의 무게를 매번 가늠했다면 되돌아가려 했거나 그대로 주저앉았을지도 모른다. 그냥, 하던 대로, 한 시간 치, 오전 치, 오늘 치 일만 생각했다. 아틀라스는 짐을 벗으려고 꾀를 써 보기도 했지만, 결국 자신의 짐을 졌다. 불멸의 신이라 영원히 짐을 져야 한다는 끝없음에 괴로웠을지도 모르겠다. 필멸인 인간은 영원성에서는 자유롭다. 영원히 끝나지 않는 일은 없다. 버틸 수 있을 때까지 해 보다 짐이 무거워져 감당하기 힘들면 내려놓는 방법을 찾으면 된다. 끝까지 무게를 감당했다면, 마침내 일을 이뤄 낸 자기를 대견스러워하면 된다. 내려놓는 쪽을 택했다면 그 선택을 옳은 길로 만들어 가면 된다.

'나를 완성하는 빌드업'을 통해 내가 얻고자 한 것은 완성만이 아니다. 앞서 언급했듯 '빌드업'이라는 단어는 한 방에 뭔가를 얻으려 하지 않는 것이다. 구메구메 쌓아 올리는 것이다. 타인을 의식하는 게 아니라, 내가 나를 의식하며 꾸준히 쌓는 것이다. '정체성 중심의 습관'을 형성하는 것과 '빌드업'하는 것은 다르지 않다. 원하는 것을 알고 있는가. 그렇다면 과정을 만들어 가면 된다. 원하는 것이 어떤 것인지 잘 모를 때는 이것저것 시도해 보는 것도 하나의 방법이다.

나만의 빌드업은 진행 중이다. 숲의 시작도 처음에는 씨를 뿌리고 묘목을 심는 것에서 시작했다. 완성을 위해 오늘 최선을 다하는 것. 그뿐이다.

빈 둥지 빌드업 RGPD법 D단계

실행(Do) 단계: 일단 해 보기

1. RGP단계를 차근차근 밟아 왔다면, 일단 해 본다.

2. 해 보고 계속할지, 중단할지 판단한다.

3. 중단했다면 더 나은 방향을 찾고 다시 해 본다.

4. 계속하는 일이 직업으로도 이어질 가능성이 있다면 더 전문적인 길을 찾는다.

5. 직업이 아니더라도 즐길 수 있으면 계속 이어 간다.

닫는글

글을 쓰고 고치며, 몇 계절을 보냈다. 호주 여행을 취소하게 된 코로나를 계기로 책을 썼는데, 호주 여행을 다녀와서 책이 마무리되었다.

되고를 진행하면서 나만의 미션을 지정했다. '퇴고 & 퇴출', 두음에 무리수를 두긴 했지만, 미션을 구체화하기 위해 이름을 붙였다. 퇴고 작업과 체지방 퇴출을 함께 하기로 작정했다. 초고와의 지난한 싸움을 예상했기에 다른 곳에 정신을 분산할 필요가 있었다.

'퇴고 & 퇴출'을 카톡 프로필로 설정했다. 퇴출을 위해 주 2회 운동을 주 3회로 늘렸다. 그동안 식단은 병행하지 않았지만, 건강을 회복하기 위해 식단을 함께 조절하기로 했다. 날짜가 누적될수록 근력이 조금씩 느는 것 같았다. 트레이너는 체중을 재지 말고 눈으로만 체크하도록 했다. 두 달이 지나고, 코치가 인바디를 재 보자고 했다. 몸무게 변동은 거의 없었다. 기적을 바라기는 했지만, 좌절하지 않았다. 트레이너와 머리

맞대고 원인을 찾는 중이다. 그러다 보면 방법도 찾을 수 있을 것이다. 익숙한 것을 고치는 것은 쉽지 않다. 힘들지만 오늘보다 내일 더 건강해지는 습관을 빌드업하는 중이다.

독자들이 이것만큼은 챙기면 좋겠다.

첫 번째는 독립이다.

20여 년 가까이 아이를 키우면서 누구누구 엄마로 살았다. 아이가 잘되면 그것은 엄마 훈장이 되었다. 아이가 뒤처지면 엄마의 낙인이 되었다. 그런 시간을 견뎌서, 아이가 그만큼 컸다. 아이가 둥지를 떠날 시기가 온 것이다. 이제 두 사람을 단단하게 묶었던 끈을 느슨하게 풀어야 한다. 빈 둥지 되려고 아이를 키운 거다. 엄마의 둥지가 비어야 다른 것들을 채울 수 있다. 아이와 연결된 끈에 힘을 빼지 않으면, 당장은 아이를 돕는 것같이 보인다. 하지만 아이가 실패할 시간이 늦어질 수 있다. 아이에게 실패할 기회를 줘야 한다.

아이들이 중학생일 때부터 서서히 멀어지는 연습이 시작되었다. 작정하고 그리한 것은 아니었다. 엄마가 바빠서 독립적인 성향이 되었는지, 아이들 기질이 원래 그런 건지 선후 관계는 알 수 없다. 다만 아이들이 스스로 뭔가 하려고 할 때 도와주려 했다. 6년 정도의 시행착오 기간을 거쳐 복학하면서부터 완전히 맡겼다. 수시로 아이들을 뒷바라지해 줄 수 없는 상황이 오히려 도움이 되었다. 빈 둥지를 가진 엄마들이 독립을 준비하고, 비워 낸 둥지에 무엇을 채워야 할까를 고민했으면 한다.

두 번째는 시도다.

아들들이 거의 동시에 타지로 가면서 짧게 '빈둥지증후군'을 겪었다. 살아온 날들이 아무것도 아닌 것 같은 생각이 들었다. 최선을 다했는데, 결과물이 없이 20년짜리 프로젝트가 끝난 기분이었다. 더구나 팬데믹으로 기존에 했던 대부분의 일들이 '멈춤' 상태였다. 처음에는 허전했는데 관점을 바꾸니 오히려 좋은 기회였다. 미뤄 두었던 일들, 막연히 하고 싶었던 일들을 하나씩 해 나갈 수 있었다.

체력을 키우기 위해 '만 보 걷기'를 했고, 악기에 대한 목마름을 해소하기 위해 피아노에 도전했다. 당분간 피아노를 쉬어야 했을 때, 그림을 시작했다. 실력이 느는 빠른 방법이 공모전에 나가는 거라 하길래 공모전에 작품을 출품해 보았다. 대면 독서 모임이 멈춰서, 온라인 독서 모임에 들어갔다. 리더로 서 보고자 온라인 독서 모임과 오프라인 독서 모임을 열었다. 글쓰기 모임에 들어갔다. 독서 모임에서 글을 쓰자고 해서 공저를 출간했다. 작가가 되었고, 코칭 과정을 이수했다.

이 모든 일의 시작은 '시도'였다. 남은 날들을 헤아리니 망설일 시간이 없었다. 실패도 시도가 있어야 얻을 수 있는 경험이다. 하지 않은 일은 부끄럽지만, 시도한 일은 경험이라는 이름으로 당당해진다.

마지막은 빌드업이다.

버지니아 울프의『자기만의 방』에는 여성이 문학 창작을 할 수 있는 최소한의 조건을 두 가지로 들고 있다. '자기만의 방과 돈'이다. 지금은 여성뿐 아니라 누구라도 자신이 원하는 것을 하기 위해 최소한의 돈이 필요하다. 원하는 것을 이루기 위한 목적을 정했다면, 여유 자금을 빌드업했으면 한다. 육아 중이라면 장기적인 저축을 할 수 있으니 좋다. 육아 퇴직 후라면 바로 실행할 수 있다. 꼭 자금까지 빌드업하기를 권한다. 시간과 재정을 분배해서 자신에게 투자할 때, 배울 수 있다는 것에 대한 기쁨이 배가 된다. 재정을 확보하고 시도하고 있다면, 시간과 노력을 꾸준히 쌓아야 한다.

'양질 전환의 법칙'은 양의 변화가 극에 달해야 질적 변화가 일어난다는 것이다. 그림을 시작할 때 신중했다. 평생 그림을 그릴 것이고, 시작하면 끝까지 해야 한다고 생각했기 때문이다. 한 가지 일을 꾸준히 지속하기는 쉽지 않다. 성공하고 싶은 일이라면, 거의 예외 없이 양이 쌓여야 질이 변한다. 일회성 성공은 우연히 혹은 행운으로 가능할지 모른다. 하지만 누구도 지속적인 노력 없이는 비약적인 질적 변화를 경험할 수 없다.

아무것도 하지 않으면 아무 변화도 일어나지 않는다. 피아노에 소질이 없다는 것도 시도해서 알았다. 그림을 그린 지 2년이 지나도 혼자 힘으로 작품을 완성하기 어렵다. 그래도 매주 시간과 물질을 투자한다. 머리로 생각한 것들이 손끝으로 구현할 수 있는 날이 오리라 믿는다. 나는 소심한 사람이라 시작을 유달리 어려워한다. 그림도, 체력도, 글쓰기도, 책 쓰기 코칭도 그렇다. 분명한 것은 한 가지뿐이다. 지금의 '빌드업'이 이 시간 이후의 '나'를 만든다는 확신이다. '어제보다 나은 나'라는 정체성을 위해 오늘도 하루 치 무게를 들어 올린다.